本书为2020年山东省软科学项目"基于产业导向的'美丽乡村'建设创意策划与规划设计研究"（立项号：2020RKB01105）的研究成果

山东艺术学院2021年度出版基金资助

保护与传承：文化遗产助力乡村振兴的理论建设与实践探索

王　伟　著

北京工业大学出版社

图书在版编目（CIP）数据

保护与传承：文化遗产助力乡村振兴的理论建设与
实践探索 / 王伟著. — 北京 ：北京工业大学出版社，
2021.9（2022.10 重印）
　ISBN 978-7-5639-8111-3

　Ⅰ . ①保… Ⅱ . ①王… Ⅲ . ①文化遗产－影响－农村
－社会主义建设－研究－中国 Ⅳ . ①F320.3

中国版本图书馆CIP数据核字(2021)第203309号

保护与传承：文化遗产助力乡村振兴的理论建设与实践探索
BAOHU YU CHUANCHENG：WENHUA YICHAN ZHULI XIANGCUN ZHENXING DE LILUN JIANSHE
YU SHIJIAN TANSUO

著　　者：王　伟
责任编辑：任军锋
封面设计：知更壹点
出版发行：北京工业大学出版社
　　　　　（北京市朝阳区平乐园 100 号　邮编：100124）
　　　　　010-67391722（传真）　　bgdcbs@sina.com
经销单位：全国各地新华书店
承印单位：三河市元兴印务有限公司
开　　本：710 毫米 ×1000 毫米　1/16
印　　张：11.75
字　　数：235 千字
版　　次：2021 年 9 月第 1 版
印　　次：2022 年 10 月第 2 次印刷
标准书号：ISBN 978-7-5639-8111-3
定　　价：68.00 元

前　言

　　乡村是人类社会发展的实物证明，是传统文化的最后保存地。乡村文化是文化多样性的重要组成部分，也是人类未来发展的动力。研究乡村的现状有利于研究其未来发展的方向。乡村文化遗产代表着中国人文化身份的认同，是中华文明的"基因库"和"干细胞库"，从传统文化中可以发展出引领未来的文化，是人类未来发展的动力，是人类不可或缺的创造力源泉。本书对于文化遗产助力乡村振兴的理论建设与实践探索进行了分析，探讨了对于乡村文化遗产的保护与发展，以期充分发挥乡村文化遗产在乡村振兴中的有效作用，让乡村振兴策略更好地实施。

　　本书第一章内容为"留住乡愁：乡村文化遗产的保护与传承"，主要从三个方面进行了介绍，分别为乡村文化遗产的分析及文化体现、新时代乡村发展状况、乡村文化遗产的价值。第二章内容为"原乡美学：传统民风民俗的保护与传承"，主要从三个方面进行了介绍，分别为原乡美学的缘起与建构、传统村落的保护与发展、人文精神的保持与重建。第三章内容为"精神家园：非遗保护是乡村振兴的重要抓手"，主要从乡村非遗的种类与活态传承、乡村非遗是中华民族的底色、乡村非遗传承的愿景与困境三个方面进行了介绍。第四章内容为"深层思考：文化遗产的保护与良好发展"，主要从三个方面进行了介绍，分别为国际视野下的文化遗产保护、文化自信视角下的乡村遗产的价值阐释、城市化进程与乡村文化遗产保护态势。第五章内容为"案例展示：文化遗产传承与保护的实践探索"，主要从六个方面进行了介绍，分别为山西张家塔村文化遗产保护案例、浙江溪头村文化遗产保护案例、山西原平市乡村文化遗产保护案例、贵州郎德上寨文化遗产保护案例、云南恩宗村文化遗产保护与发展案例、关于案例的总体思考与分析。

　　在撰写本书的过程中，作者得到了许多专家学者的帮助和指导，参考了大量的学术文献，在此表示真诚的感谢。本书内容系统全面，论述条理清晰、深入浅出，但作者水平有限，书中难免会有不足之处，希望广大同行及时指正。

目 录

第一章 留住乡愁：乡村文化遗产的保护与传承

本章对于乡村文化遗产的保护与传承进行了分析，主要从乡村文化遗产的分析及文化体现、新时代乡村发展状况、乡村文化遗产的价值这三个方面展开论述。

第一节 乡村文化遗产的分析及文化体现

一、农耕文化是我国文化的宝贵财富

（一）农耕文化的概念

农耕文化是中国劳动人民在长期的生产和生活过程中逐步形成的一种适合农业生产和农民生活的国家制度、礼仪规范、文明教育等一系列文化的统称。中国农耕文化在漫长的历史发展过程中融入了儒家思想、宗教文化，从而演变出自身独有的文化内容和特征。其主体不仅包括国家管理理念、人际交往道德规范等抽象表达方式，也包括民间戏剧、民歌、民俗节日、庙会庆典等一系列实际形态。

（二）农耕文化的智慧

"农，天下之大本也，民所恃以生也。"——《汉书·文帝纪》。

中国自古以来便是农业国家，农业是国家的根本，甚至皇帝都要亲耕。农业是国本，大致可以体现在四个方面。第一，民以食为天，粮以农为本，农业养

活了国家的所有人口，解决了人民的生存问题。第二，依靠农业所产生的赋税，整个国家机器得以正常运转。第三，稳固的农业是整个社会稳定的基石，农业稳定，国家就不容易出现动乱。第四，悠久的农耕文明潜移默化地塑造出中国人的国民性格。

中国是农业大国，是世界农耕文明的主要发祥地之一，中华农耕文化博大精深，延绵不绝。中国的古代史是一部王朝更迭史，而农业与土地在其中扮演了核心角色。当新的王朝建立时，统治者往往选择平均地权、与民休息，历史上著名的文景之治、贞观之治和康乾盛世无不如此。随着农业赋税的增加，国家实力稳步提升，小农经济内部开始出现贫富分化，与此同时，国家治理体系开始膨胀，官僚与地主阶层开始利用手中的权力与财富兼并小农土地。金观涛、刘青峰在《兴盛与危机：论中国社会超稳定结构》一书中指出，历史上，一个王朝到达鼎盛时期，往往就是土地兼并大爆发的前夜，它是王朝由上升阶段转入维持和下降阶段的转折点。大规模的土地兼并出现大量的失地农民，带来了社会矛盾的激化，治国者必须进行深刻的社会变革以抑制豪强对土地的过度占有，然而这种改革的努力往往因为既得利益者的激烈对抗而最终搁浅。在王朝的最后阶段，失地农民在饥饿与死亡阴影的裹挟下不得已成为集体暴力的参与者，成为王朝更迭的直接推手。之后，新的一轮治乱循环拉开帷幕。

农耕文明是华夏文明的主要组成部分，更是国民性格的渊源所在。老子曾描绘理想的农耕文明场景："小国寡民，使有什伯之器而不用，使民重死而不远徙。虽有舟舆，无所乘之；虽有甲兵，无所陈之。使人复结绳而用之。甘其食，美其服，安其居，乐其俗。邻国相望，鸡犬之声相闻，民至老死不相往来。"农耕文明是农民在长期的农业社会中形成的一套适应农业生产和生活的国家制度、礼俗制度、文化教育制度等的集成，是融合了以儒家思想为主的诸多传统文化的大文化系统。聚族而居、精耕细作的中华农业文明孕育出了自给自足的生活方式、文化传统、农政思想和乡村管理制度，它潜移默化地塑造出中国人内敛、柔韧、平衡、包容、知足而又不失进取精神的国民性格。

历经千年的中华农耕文明是中国人"天人合一"哲学思想的最好践行，"人法地，地法天，天法道，道法自然"。中国农民在传统哲学思想的影响下，对农业生态和物质能量循环发展出一套朴素的价值观，随之衍生出一套行之有效的耕作方式。早在1909年，曾任美国农业部土壤局局长的富兰克林·H.金远渡重洋来到中国考察农业，他惊讶地发现中国人的耕作方式要比美国人更为优越。社会学家费孝通在阅读富兰克林·H.金的著作《四千年农夫：中国、朝鲜和日本的永续农业》之后总结说，中国人像是整个生态平衡里的一环。这个循环就是人和土的循环。人从土里出生，食物取之于土，排泄物还之于土，一生结束，又回到土地。一代又一代，周而复始。靠着这个自然循环，人类在这块土地上生活了五千年，人成为这个循环的一部分。他们的农业不是和土地对立的农业，而是和谐的农业。中国的农耕文明经验成为后来启迪美国有机农业运动的灵感源泉，这种"天人合一"、有机循环的生态观和价值观已经成为引导世界农业改革与发展的新方向。

（三）"天人合一"的农业哲学

中国是一个拥有几千年农耕文明的国家，在漫长的农业生产实践中摸索出了一套独特的农业生产哲学。最具代表性的便是"天人合一"的生态观和物质能量循环观。老子说："人法地，地法天，天法道，道法自然。""天人合一"的哲学思想认为宇宙自然是大天地，而人是一个小天地，人与自然本质上是相通的，故一切人事都应该顺从自然规律，达到人与自然的和谐状态。中国农民对农业生态和物质能量循环发展出一套朴素的价值观，并衍生出一套行之有效的耕作方式。比如说，被联合国列入"世界非物质文化遗产"的二十四节气，就是中国农民对于自然气候规律的认识和遵循。二十四节气在中国古代是指导农业生产的，在农民朴素的世界观中，农业活动的循环体现在一年四季的交替中，忠实地遵循四季自然变化的规律才能迎来农业作物的丰收。

几千年来，中国农民尊重农田休养生息、物质能量循环利用的规律。中国农民采取豆科植物与其他植物轮作的方式来保持土壤肥沃，将人畜粪便、作物秸秆、河塘淤泥等还田，不断培育地力，改良土壤。

1.沿袭千年的共生系统

"种植一季稻、放养一批鱼、饲养一群鸭"，这是贵州省黔东南苗族侗族自治州从江县苗侗民族沿袭上千年的传统农业生产方式。2011年，从江县侗乡"稻鱼鸭共生系统"被列为全球重要农业文化遗产保护试点，2013年入选中国第一批重要农业文化遗产。

每年春天，谷雨前后，辛勤的侗乡人就开始把秧苗插入稻田，鱼苗同时放入，等到鱼苗长到两三指长，鸭苗再被放养进稻田。在侗乡人眼中，"鱼无水则死，水无鱼不沃"，稻田为鱼和鸭的生长提供了生存的环境和丰富的饵料，鱼和鸭则为稻田清除了虫害和杂草，大大地减少了农药和化肥的使用。侗乡人饲养的鸭种是世代选育驯化的小香鸭，个头小的小香鸭灵活地在水稻间穿行而不撞坏水稻，鱼和鸭来回游动搅动了土壤，帮助稻田松土，排泄物又成为水稻上好的有机肥料。

在每年的春夏之交，在侗乡高低错落的梯田深处，在闪着金光的稻田之中，鱼儿游动跳跃，香鸭悠闲觅食，构成了一幅绝美的世外桃源的画面。到了收获稻谷的时节，侗乡人开始收鱼捕鸭，稻花鱼鱼肉细腻、鲜美无比，香鸭肉质肥而不腻。从江县的"稻鱼鸭共生系统"不仅养活了世代的侗乡人，还衍出一套生态旅游的观光模式。每到收获季节，慕名而来的国内外游客亲身体验梯田捕鱼、田边烧烤，他们品尝着香禾糯米、稻花鱼以及小香鸭，又给侗乡人带来了额外的旅游收入。

2015年，从江县创建5万亩稻鱼鸭生态产业示范园，这一园区也被纳入了省级农业产业园。这一保存良好的传统生态农业生产方式，不仅产生了较好的生态效益，而且给当地少数民族带来了较大的经济效益。

2.千古农耕文明

在浙江五大水系之一的瓯江中游，有一处被称为"古堰画乡"的风景旅游区，近年来声名鹊起，成为整个华东地区著名的旅游景点。

走进风景优美的堰头村，人们首先会被村口一片茂密的古樟树群吸引。古樟树群的一侧是流水潺潺的引水渠，另一侧是古老的石板小路。沿着石板小路，穿过小桥和竹林，便看到越千年而依旧在的通济堰。堰头村便因位于通济堰边上而得名。堰头村背山面水，村后山峦起伏，村前溪水流淌。

2018年4月27日，在第十三届中国（义乌）文化产品交易会上，来自浙江丽水的古堰画乡特色小镇展馆吸引了众多参观者的目光。展馆分古堰、画乡、古镇生活、器乐演艺以及红色文化等展区，不仅重点展示了通济堰文化、古樟树群等，而且体现了如何在历史的丰富厚重的叙事背景下开创以艺术与文创为特色的古堰画乡今日新生活。

画乡展区展示的"丽水巴比松油画"所表现的古堰画乡自然山水风光令人向往。许多作品浓缩了古堰画乡的自然风光和人文底蕴，让参观者领略到"中国式枫丹白露"和"瓯江两岸小桥流水人家"的自然和谐生活。

"古堰画乡"原本不是一个地名，它是通济堰所在的碧湖镇堰头村与对岸的"画乡"——大港头镇所在地大港头村的合称。

始建于南朝萧梁天监四年（505年）的通济堰，距今已有1500多年的历史，它与都江堰、它山堰、郑国渠、灵渠齐名，为中国古代五大水利灌溉工程之一，是国家重点文物保护单位，也是世界上第一座拱形大坝，于2014年入选世界灌溉工程遗产。通济堰所在的瓯江两岸是自古以来有着处州粮仓之称的碧湖平原和松谷平原，也是瓯江两条重要支流——从龙泉境内流入的龙泉溪和从松阳境内流入的松阴溪的汇合处。龙泉以龙泉青瓷和宝剑的制造历史而闻名世界，松阳则因茶叶、烟叶的生产而有中国农耕文明的江南秘境之称。源远流长的通济堰孕育出古老而灿烂的农耕文化。两岸山水拥有古韵悠长的历史内涵，使其在城市化进程中，不仅没有衰落，反而因其艺术禀赋和气质，保护良好的生态和古堰、古道、古民居、古樟树所形成的古村落格局和风貌而受到艺术家的青睐。如今，每年到这里观光、写生、创作、采风的摄影家、画家、作家达数十万人。这方山水不仅培育出丽水本土的巴比松画派，而且这批画家在中国美术界获得的认可和赞誉吸引着越来越多的各省市的画家、摄影家到古堰画乡画画和摄影。经过十多年的发展，古堰画乡已成为国内最大的写生创作基地和摄影创作基地，近300家高校在此建立了艺术教育实践基地，每年接待来此创作的学生超过15万人次。古堰画乡由此获得"丽水市文化名村""浙江省特色旅游村"的称号。

从"古堰"到"画乡"两个区块之间是瓯江最美的一段，有着"华东漓江"之誉。瓯江从这里一路向东，汇入东海。两岸的古村、历经千年的古樟树群和狭窄悠长的青石板老街，无不留下时光雕刻的历史印迹，又不断讲述着跨越世纪的新生。

可以说，中国是农业大国，是世界农耕文化的主要发源地，中华农耕文化博大精深，绵延不绝。了解、认同、欣赏中国的农耕文化并汲取优秀的农耕文明经验是中国农耕文化传承的根本。

在新时代，农耕文化是我国农业的宝贵财富，是中华文化的重要组成部分，不仅不能丢，而且要不断发扬光大。至此，各地区积极开展农耕文化节、农耕文化展览等活动，社会各界掀起一股"农耕文化热"。中国的传统节日、民风民俗、民间艺术以及中国人以和为贵、勤俭节约、勤奋努力的精神品质，无一不是中华农耕文明的鲜明标签和重要表现。近几年，人们一直在努力保护中国传统文化，农耕文化的保护也逐渐得到人们的认同。

但我们也需要认识到，在工业文明和信息文明主导的当代社会，延续了几千年的中国传统文化的基石——农耕文化，正在逐渐被边缘化。人们漠视乡村落后的生产和生活方式，在追求更高级的信息文明的同时，带来的是精神上的享乐主义、民族价值观的缺失以及地球生态的失衡。

因此，我们在追求更高级的工业文明的同时，也要注重对农耕文化的保护，以农耕文明的长处补工业文明的不足，这样才能促使我们的社会向着健康、美好的文明社会前进。我们要认识到传承农耕文化有利于净化人们的初心，重塑科学发展观，这是生态文明建设的必然要求。我们要认识到农耕文化是中华儿女几千年来传承的精神文明和物质文明，文明古国的优秀文化不应该被时代发展所埋没，在新时代新农村建设的大背景下，我们要牢牢把握乡村改革发展的机遇，在进行新农村建设时要深入挖掘本地农耕文化特色，利用农耕文化打造最美乡村，既能使中华民族优秀文化传承和保护下来，使文化遗产和非文化遗产得到发扬和继承，也能使乡村富有地域特色。通过政府和村民自身的共同努力，改造乡村，发展特色农业，改善农业市场经济，带动地区旅游业的兴起，形成乡村旅游文化产业链，可间接带动乡村经济发展。只有打造具有民族特色、文化底蕴、地域特征的乡村景观，才能让乡村整体、全面地展现其永恒的活力。

二、"三农"文化遗产是传统文化的重要载体

"三农"文化遗产包括农业文化遗产、农村文化遗产和农民文化遗产。从这个层面上来说，其涵盖的内容包括人、物、精神等多个方面。长期以来，尤其是在进入以西方式工业化、城市化为主导的发展进程之后，我们形成了这样一种意识：乡村是落后的、不符合现代文明的、缺乏文化的所在，农民是一群没有文化的乡下人。

促进中国乡村文明发展并非我们的理想化的倡导。经过一些调研，分析一些案例，通过鲜活的事实，就不难让大家看见："三农"文化遗产才是守护着中华传统文化以及华夏文明的基因宝库，乡村才是中国传统文化的生发之地。"三农"文化遗产中所蕴含的传统农耕文化，既承载着中华悠久文化历史的精髓，是乡村振兴的动力，同时也是乡村是否真正得到振兴的体现。

中国当代著名哲学家汤一介先生在其主编的《儒释道与中国传统文化》一书中认为，中国传统文化表现为儒释道"三教归一"的观念。中国传统文化中既有儒家"耕读传家"的家国情怀，又有崇尚"天人合一"的道家修身之法，还有释教之明心见性、趋善戒恶的规训，同时各民族又在不同程度上保存着上古时期以来的多神崇拜。兼容并蓄，和而不同，塑造了中国传统文化所特有的生生不息的内在顽强性。而中国梦的实现、国家治理现代化只能建立在中华传统文化的传承、弘扬和升华之上。这是当下中国自上而下形成的共识。

事实上，在人类陷入工业文明发展困境的当今世界，中国优秀传统文化所蕴含的丰富哲学思想、人文精神、教化方式以及道德理念等，正在引起不少西方学

者的重视。悠久的中华传统文化也许可以为现代人类社会的治国理政提供有益的启示，正在成为国际学术界的一种思想潮流。

早在20世纪70年代，美国国家人文科学院院士小约翰·柯布在为世界工业化发展付出的生态环境代价提出警示时就注意到，中国传统思想中具有丰富的生态智慧。小约翰·柯布认为，作为中国文化根基的儒释道所倡导的天地人和、阴阳互动的价值观念，不仅是生态运动哲学的基础，也应该成为未来后现代世界的支柱性价值观念。然而，从何处进入深刻理解与发现中国传统文化中"天人合一"与现代生态文明高度吻合的这种价值体系通道？仅仅通过被视为"国学经典"的书籍显然是不够的。很多时候，经典向我们展示的似乎是一个遥远的消逝在时间长河中的世界，与现代社会无法产生衔接和呼应。在近几十年的现代化发展进程中，一味仿照西方城市化的模式，使传统文化与现代性之间最终产生了断层，迅速被工业化和后工业化了的城市人在由西方工业文明主导的现代化的生活方式中陷入文化虚无主义的生存境况。这种因城市化、工业化进程而导致的传统文化价值虚无化的现象，并非仅仅是由意识与观念本身造成的，其也基于现实化载体的消失。

事实上，当过于迅速的城市化进程呼啸而来，裹挟着人们的精神和肉体的双重欲望，被我们漠视和抛弃在身后尚未完全被现代化进程摧毁的乡村，依然默默地在原地守护着。我们的"三农"文化留存着它的基因，顽强地生存着，等待复兴。

（一）五千年中华文化之魂

中华五千年的悠久文明是基于农耕文明的东方智慧文明。在21世纪的今天，体现这一文明的活化载体唯有乡村，唯有"三农"文化遗产。"三农"文化是中华民族传统文化的源头。即使在数十年来被现代工业化和城市化所抛弃而逐渐凋敝衰败的命运中，它的自然、人文历史以及基于这些历史而建立的文化秩序还留存着它珍贵的基因。

在城市的生产和生活中，我们已无从看到承载了"耕读传家"和"天人合一"的物化存在。与此形成鲜明对比的是，在广大乡村，我们发现，这种传统文化之魂仍在，一旦被激活，就会焕发出复兴的力量。

正是在乡村，我们能发现携带着中华文明基因的"三农"文化遗产是一个复杂体系，是一个由诸多因素组成的有机生命体：天地信仰、耕读传承、仁善为本、慈孝治家、家国天下，传统文化中的这些核心价值观在中国历史悠久的乡村中以丰富多样的生产、生活方式承载着，守护与传递着民族的文化基因。

即使在一些已然衰败的乡村，这种文化的神韵依然存在。我们依然能感受到文化之魂，触摸到其生命的脉络。在一些偏僻乡村，传统的生活方式和生产方式依然顽强地延续着那一缕悠长的精气神。

因此，要弘扬中华优秀传统文化，就必须要寻找源头，发现中华传统文化的灵魂所在。激活"三农"文化，也就激活了中华传统文化中最有生命力的部分。

（二）传统文化之神韵

"三农"文化遗产以其多样化的形态承载着传统文化之神韵。农耕文明创造的传统文化渗透在乡村生活的方方面面，以其核心价值理念引领着村民的行为，形成社会治理的规范、方式和秩序。乡村表现出来的文化历史是悠久的，内涵是丰厚的，形态是多样的，生命力是坚韧的。这是一种根植于大地，有完整的宇宙观、人生观、伦理观的文化，是一系列中国经典如《易经》《道德经》《论语》《庄子》《中庸》《礼记》《诗经》《乐经》等物化的体现。"三农"文化不仅蕴含着经典中的思想和先人积累的生活智慧，同时通过根深蒂固的民俗文化礼仪，使对于自然天地的敬畏与崇拜得以表现和传承，帮助人们理解天地宇宙、河流山川、人类社会每一个体之间的关系。

比如，走进江南乡村，我们可以在有数百年历史的老宅看到"耕读传家""植桂培兰""出悌""入孝"等体现深厚传统文化的门楣额枋，在乡村祠堂里，我们可以看到"礼门义路""循规蹈矩""望重桑梓"的墨书匾额。这些或依然清晰可见或模糊难辨的雕刻文字，在乡村这个空间里传递着"孝、悌、忠、信、礼、义、廉、耻"的传统道德观念。这些尚未完全湮灭的遗存，使曾经在形式上因社会动荡变迁而中断过的一些传统民俗文化活动，依然有着重新被激活的内生动力。此外，传统节庆、集体娱乐、庙会祭祀、红白喜事等公共活动，也是承载传统文化价值的活态形式。近几十年来，乡村的许多民俗活动作为乡村的集体文化记忆曾一度沉寂，但目前正在许多村落得以恢复。这些活动既是村民乡土生活的历史积淀，也是乡村公共治理的平台资源，起着协调村民行为、深化社区认同和维系乡村共同体价值观的作用。

（三）道德规范之传承

"三农"文化遗产以其自身的社群构成承载了道德规范传承的独特功能。在城市化的社区中，人类互相的信任度缺失要靠现代法律制度维护，而传统乡村是靠基于熟人社会和宗族关系建立起来的和谐乡风。由于中国乡村基本的聚落格局没有发生根本性变化，只要乡村存在，这种建立在宗族社会基础上的熟人社会的内在关联就依然存在，它所构成的传统道德体系就会因新一代乡贤的回归而重新恢复它独特的治理秩序。中国乡村社会自古就有尚贤的传统根基，并由此生成了绵延不绝的乡贤文化，是一种崇德向善的精神力量。21世纪新乡贤群体的出现令人欣喜。无论是三晋大地乡村艺术的复活，孟子故里道德教化的回归，北京郊区慈孝文化的复苏，还是川渝农耕文化的记忆传承，都有新乡贤个人和群体发挥的作用，这是在现代城市中无法构建的治理模式。这种基于地缘和宗亲血缘共同体的文化滋养、道德自律功能和自治效果对于未来城市社区文化的建设或许也能提供一种启示。

（四）"天人合一"的生态文明观

"三农"文化遗产以其朴素的文化习俗体现着"天人合一"的生态文明观。敬畏天地、尊重自然，是中华传统文化体系中非常重要的价值观念，这种价值观念和我们当下倡导的生态文明观在本质上是一致的。可以说，几千年来中华民族农耕文化这种"天人合一"的核心价值体现着并生生不息地传承着朴素的生态文明智慧。

比如，在河北馆陶粮画小镇，我们感受到从《诗经》中流传下来的粮食种植文化和对土地的敬仰；在侗族村寨口口相传的大歌声中，我们听到了侗族人民歌唱着农耕传统与自然的关系；从许多乡村重新恢复了的传统开镰节、开耕节，以及秋天庆祝丰收的各种农事活动中，我们也看到蕴含着感恩自然、尊重环境与大地的生态文明观。千年来将青瓷烧制技艺通过代代相传的方式保护并继承下来的溪头村，重新恢复的龙窑点火和开窑仪式更是让我们为先民在生产活动中充满的对于天地的敬畏感而震撼不已。

（五）中华传统文化的开拓创新

"三农"文化遗产以其精湛的"匠心"精神蕴含与呈现着东方自然审美意识。在后工业化时代，当流水线规模化生产带来的种种弊端逐渐凸显之后，人们终于开始转向对传统手工艺价值的重新认知。于是，传统手工艺品所承载的习俗、情感、价值观念和生活方式也开始被激活。手工艺人执着的工匠精神已经融入今天"中国制造"的产业文明中。

中国的传统手工艺品在文化遗产的传承保护和全球文化的互联互通中，逐渐开拓出更为广阔的平台。乡村既是许多传统手工艺品的诞生地，也是传统手工艺得以保护和传承的重要场所。

中华传统文化不仅属于中国，也属于世界，属于引领21世纪新文明的文化。在这个意义上，"三农"文化遗产将以它们的守望之地和出发之地的双重背景为我们重构精神家园。

三、乡土情结是中华民族情感的纽带

（一）中国人民乡土情结的形成

1.传统农耕文明的影响

古代中国生产力不发达，我们的先民为了求生存，只能依赖于土地，在面朝黄土背朝天的农业生产中顺应天时，春生夏长秋收冬藏。有了一块土地，一家人就有了生活保障，有了生存下去的基础。土地的面积不大，却成为一种象征，是拥有生存权力的象征，不到万不得已，谁也不会离开它，即使被迫离乡而去，也是恋恋不舍、念念不忘。即使走到了人生的终点，也要选择叶落归根。这一点与西方人向海而生、靠海而存进而形成的海洋文明大相径庭。

2.传统儒家思想的影响

两千多年前，孔子开创了儒家学派，成为一代圣人。他的神圣之处不仅在于开创了儒家学派，还在于能够带领弟子用尽毕生之力去践行、宣扬自己的思想。儒家倡导"仁、义、礼、智、信"，讲究"孝、悌、和"，宣扬"忠君爱国"。这些思想伴随农耕文明的形成而深入人心。我们的先民一方面在土地劳作中取得生活的物质基础，另一方面在儒家思想的影响之下，找到精神的寄托。他们重视家族利益，家族观念浓厚，爱国爱家，久而久之，这些就升华成为中华民族特有的品质。

（二）中国人民乡土情结的深层思考

1.生命烙印

中国人的乡土情结是一种生命的烙印。俗话说："一方水土养一方人。"出生地不同，会让一个人在身材、面貌、皮肤，甚至走路的姿势都呈现出与出生于其他地方的人不一样的特征来，成为一种深刻的印迹留在其一生中。家乡的语言、风俗习惯又会伴随着人的成长，带给其思考的能力。一个人最初的面貌会在岁月中逐渐淡化，但他从小培养起来的思考的状态、待人接物的方式、做人做事的原则却很难改变。譬如，有的人离开家乡后讲起了普通话，但在危急关头会本能地喊出家乡话来，这就是最好的证明。就是说，我们尽管远离了我们的家乡，但它的影响从未消失，依然潜在于我们的内心深处，无时无刻不在。对一个人而言，乡土情结首先表现为一种文化胎记，一种生命的烙印。

2.源远流长

在这里要引用著名评论家柯灵的一段话："每个人的心里，都有一方魂牵梦萦的土地。得意时想到它，失意时想到它。逢年逢节触景生情，随时随地想到它。辽阔的空间，悠邈的时间，都不会使这种感情褪色：这就是乡土情结。"这段话告诉我们，乡土情结是人人都有的，而且是自觉自愿拿来背在肩上的，并没有人强迫我们。虽然我们不是诗人，不能像李白一样写下"举头望明月，低头思故乡"的诗句，也不能像贺知章一样描绘出"儿童相见不相识，笑问客从何处来"的场面。我们不是英雄和伟人，没有像刘邦一样衣锦还乡，高歌一曲"大风起兮云飞扬，威加海内兮归故乡，安得猛士兮守四方"的气势胸怀，更不能像毛泽东一样用一句"别梦依稀咒逝川，故园三十二年前"表现浓浓乡情，映现伟人风范。但是千百年来，中国人对家乡的这份深情是一样的，不曾改变。

3.民族精神

中国人的乡土情结早已升华为民族精神的一部分。我们经常会从媒体中看到一些新闻图片，介绍在清明节期间，一些海外华人回国祭拜祖先、认祖归宗的情景。从图片中，我们当然无法得知那些人都是谁，他们拥有着怎样显赫的社会地位，我们可以从他们站立的姿势和庄严的表情中看到一种虔诚、一种欣慰，一种找到生命之根的喜悦。

只看那些图片，我们无法得知，这些浩浩荡荡的队伍中的每一个人，他们的家乡在哪里，在中国版图上的哪一个方向。但是，我们可以相信，他们此时此刻内心的感受是"故乡与祖国同构"。"故乡"与"祖国"在这时是同一个词、同一个概念、同一份情感。我们也无法得知，这些海外游子是何时离乡而去的，他们又在异地他乡漂泊了多久，有过多少悲欢离合。现在，他们终于踏上了祖国的土地，终于为自己多年的漂泊画上了一个句号。他们的内心不会再有失落，取而代之的是"八千里路云和月，今朝归来炎黄人"的自豪之情。

中国台湾诗人余光中以"乡愁"为题，写尽了海外游子的心声。在他们看来，乡愁不仅是小时候的美好时光，更是一湾浅浅的海峡、一段永恒的归期，他们没有一天不在向往着回归故土。

近年来，许多海外游子在归国之后，会做出决定，为家乡修一条路、在家乡建一所希望小学、在家乡投资一家企业，既表达出对家国的热爱，也为自己多年的"乡土情结"找到一个答案。在他们看来，这个答案只有一个字，那就是"爱"，爱家乡，爱祖国，爱民族同胞。

当年的鲁迅怀揣着母亲塞给他的八块大洋离乡而去，就注定了他将不再属于绍兴，不再属于那个充满泥土气息的乡下小镇。可是，他并没有真的离开自己的家乡：他人在浙江，那么他的家乡是绍兴；他人在南京，那么他的家乡是浙江；他身处东京，他的家乡就是整个中国。所以，当他毅然回国投身革命，他的目光、整个身心、整个生命，就全交付给了一个更大意义上的"故乡"：家国天下。

由此，我们得出，在许多时候，在许多人身上，"故乡"不只是一个专属的具体的地名，"故乡"不是唯一的，它常常会超越时空，变成与人的生命价值紧紧相连的象征。至此，我们终于可以将乡土情结归结于一份大爱，归结于民族向心力，归结于共建和谐家园的美好精神。

第二节　新时代乡村发展状况

一、从"美丽乡村"到"乡村振兴"

（一）美丽乡村建设

2008年，浙江省湖州市安吉县提出"中国美丽乡村"计划，在全县实施美丽乡村建设，开启了中国美丽乡村建设的序幕。2013年，农业部（今农业农村部）启动了"美丽乡村"创建活动，提出在生态文明建设中创建美丽乡村，旨在提高乡村的经济、文明、文化、生活和生态等的综合水平。美丽乡村的内涵是随着乡村建设的不断探索和深入逐步丰富的，由于各个地区自然、人文、历史、区位等各有差异，美丽乡村的具体表现形式也是有所不同的。国内学者对于美丽乡村的内涵从不同的方面给出了自己的看法：有人将"美丽乡村"定义为具有良好的人居和生态环境、生活和谐美好且具有可持续发展的经济的乡村。也有人提出，美丽乡村建设是在生态文明建设背景之下对新农村建设的提升和深入，其对"美丽"的界定不是指狭义的环境和生态，还包括社会生活、人文经济等方面，涵盖了生态文明与新农村建设。

总的来说，美丽乡村的"美"可以体现在三个方面，即外在美、内在美和长效美。外在美就是生产、生活、生态环境美，最直观的表现就是生态环境优美、村容整洁；内在美就是精神、文明、文化美，更多来自人的感受，如生活的便捷性、舒适性，精神文化需求的满足度，乡村文明的发展程度等；长效美就是指建设路径是可持续发展的。因此，美丽乡村建设就是要依托和全面发挥自身区位、文化和自然等优越之处，制订符合自身发展定位的建设规划，因地制宜，通过环境的治理、生态的保护、机制的完善、人的素质的提升等，最终建设成生态环境优美、生活便利舒适、生产发展可持续、人的素质全面提升、人对美好生活的向往和需求得到满足的美丽乡村。

（二）乡村振兴战略

1.乡村振兴研究综述

党的十九大报告中提出实施乡村振兴战略，提出了"产业兴旺、生态宜居、乡风文明、治理有效、生活富裕"的总要求，是关乎国计民生的重大战略部署。乡村振兴战略是当前乡村工作的指挥棒和总部署。

关于乡村治理和乡村发展的研究，西方发达国家起步很早，英国、美国、德国这些老牌西方发达国家，在18世纪中叶就开始注意到乡村发展的问题，在20世纪60年代，西方发达国家开始高度重视乡村建设和发展，并逐渐形成了符合国情和当地特色的农村发展模式，出现"乡村旅游"这一有关乡村建设发展的概念。20世纪80年代以后，发达国家的乡村建设更为规范化。法国、美国、意大利、日本、荷兰等国家率先进入乡村现代化阶段。与此同时，发达国家关于乡村建设和发展方面的学术研究也起步很早，成果丰富。目前，发达国家关于乡村振兴的理论研究已经比较成熟。历史发展和实践经验证明，以上国家乡村治理和发展的模式对于缩小城乡差距、提高村民收入、改善村民生活质量、促进乡村现代化发展都具有明显的成效。从当前理论界对于国外乡村治理的典型模式和经验的研究现状来看，国外对于乡村治理的发展历程、类型特点、社会影响和经验启示等方面的研究比较成熟，取得了较为丰富的学术成果，为我国乡村振兴建设和乡村振兴理论研究提供了一些可借鉴的经验。

我国虽然乡村建设发展起步较晚，但是乡村发展的速度是惊人的，近年来相关的理论研究成果颇丰。尤其是2013年我国实施精准扶贫以来，我国乡村发展迅速，面貌发生了巨变。在此基础上，我国为了进一步解决制约乡村全面振兴的相关问题，在党的十九大报告中提出了乡村振兴战略，以此作为未来三十年内我国乡村全面发展的战略理论指导，为我国乡村发展指明方向。

乡村振兴战略提出以来，国内关于乡村振兴的研究成果如雨后春笋般出现。在中国的网上，与"乡村振兴"相关的论文有三万多篇，以"乡村振兴战略"为主题的有一万多篇，与乡村发展有关的论文更是不计其数。

目前，学术界关于乡村振兴研究的成果也有不少，我们在这里就选择其中有代表性的三篇，来介绍乡村振兴研究的现状。曾建民、张秀、刘翠玉在《我国乡村振兴战略研究综述》一文中指出，现阶段学术界对乡村振兴战略概念的表述缺乏"独特性"，对乡村振兴战略内涵的分析与解读缺乏一定的深度，对乡村振兴战略实现途径的研究绝大部分着眼于国家层面、宏观政策方面，而区域层面、微观对策方面的内容比较少。葛笑如和刘硕的《十九大以来的乡村振兴研究文献综述》一文，通过对2017年10月到2018年5月发表的5317篇文献进行梳理和分析，发现乡村振兴研究成果激增，呈现出研究内容相对集中、研究方法以定性为主、研究热点密集聚团等特征。通过总结现有的研究成果，进一步探究该领域的存在问题及其未来演进趋势，他们指出要有系统思维的意识，发现重大问题，及时应对、及时处理，创建和完善制度环境，促进乡村振兴战略良好有序地实施，提升乡村振兴战略的实施效果。李洁和王静在《新时代我国乡村振兴战略研究综述》一文中指出，乡村振兴研究的关注点主要集中在乡村振兴战略的内涵界定、实现路径以及发展模式等方面，他们提出未来乡村振兴的研究应该拓宽视角，加强对某一特定区域的具体研究。

从目前乡村振兴的研究综述的情况来看，学术界关于乡村振兴的研究成果十分丰富，但是还存在研究不够深入、研究角度不够新颖、偏重定性研究、研究内容不够具体等问题。学者通过发现问题并分析问题，对未来乡村振兴的研究在一定程度上指明了方向，提供了新的思考，为今后乡村振兴研究奠定了坚实的理论基础，同时对于现实中实现乡村振兴具有一定的理论指导意义。

2.乡村振兴战略与美丽乡村建设

乡村振兴战略不等于美丽乡村建设，但二者也不是对立的，前者是后者发展目标的提升、发展内涵的完善和发展路径的确定，而后者是前者重要的基础和先决条件。

乡村振兴战略和美丽乡村建设是相互促进的关系，其本质和最终目的是相通的，即激发乡村活力，避免乡村的衰败和乡村文化的消失，促进城乡协同发展，助力乡村建设问题的解决，最终实现乡村的可持续发展。美丽乡村建设作为实现乡村振兴这一战略目标的重要手段和途径，在这一时代机遇之下，也将焕发新活力。

3.关于乡村振兴的案例

乡村振兴是全球关注的重要课题，面对这一课题，各个国家都要对本国的乡村有不同的规划。在发展本国乡村经济的同时，各个国家还要积极保留乡村农耕文化特色，将传统农耕文化与景观设计相结合，使乡村面貌焕然一新。乡村景观设计的发展也为其提供了丰富的人文风貌和旅游价值，这为人们了解一个国家的历史发展提供了现实依据，具有代表性的建筑景观可以吸引大批的游客聚集于此，体验他乡风情，从而带动乡村自身及周边的经济发展，村民在享受恬静生活的同时也可以利用文化来进行经济增收，富有地域特色的农耕文化提高了乡村的经济文化价值。

（1）韩国乡村建设改造

韩国在"新村运动"大背景下，既要求发展农业生产，提高农民经济收入，也要求在乡村建设上和谐优美。为了对国内乡村景观进行改造，韩国出台了《建筑法》《自然环境保护法》《农林渔业生活质量向上及农山渔村地域开发促进相关特别法》《文化财保护法》《古都保存特别法》《景观基本法》等一系列法律规范，在此基础上进行乡村景观改造。在乡村改造的具体措施上，韩国政府积极和村民进行沟通，听取村民心声，同时促使村民自身参与到乡村改造中来。比如，政府发放树苗，村民自己种植维护，根据产量给予村民资金奖励。这充分地调动了村民在乡村建设上的积极性。

（2）"荷兰威尼斯"羊角村

荷兰由于国土面积小，仅有4万多平方千米，土地资源匮乏，所以荷兰政府颁布了一系列法律，对土地进行整理规划。在保证农业用地充足的条件下，荷兰积极发展林业、园艺等其他产业，在对乡村进行改造的同时，保护生态环境，传承农耕文化，保留乡村特色。

比如荷兰羊角村。之所以被称为"羊角"，是因为当时在这片土地上有一批煤矿工人生活，挖煤导致土地塌陷，逐渐形成了众多大小不一的水道及湖泊，在工人采挖的过程中出现了很多羊角，因此取名为"羊角村"。

1969年，羊角村开始对本村的用地进行准确划分，2600公顷（1公顷=10000平方米）土地为农业生产用地，2400公顷作为自然保护用地，在自然保护用地上再精确划分出农户用地和开放水域。对于周边河流，特定的几条河流可用于旅游资源，其他的一律禁止对外开放，从而保护生态环境。羊角村在乡村景观设计上首先是确保当地基础设施的完善，然后在对农用地合理分配后，积极发展休闲旅游业，尊重地方建筑特色，不修建公路，没有汽车，只有纵横分布的水网，村户与村户之间靠176座木桥连接起来，在景观设计上，基本保持原有的景观形态，减少对生态环境的破坏。浓郁的农耕文化特色使羊角村有着"荷兰威尼斯"的称号（图1-2-1）。

图1-2-1　羊角村景色

（3）德国的城乡等值化发展

德国在乡村改造方面首先针对乡村土地利用问题建立起了明确的法律法规，根据法律法规进行一系列的自上而下的乡村革新活动。《建设法典》主要针对乡村建设用地等进行约束，保护乡村的景观风貌。《土地重划法》则有计划地对乡村空间结构进行改造和利用，其中包括水资源的利用、乡村景观的保护与改造、房屋的设计要求等。机械化代替传统农耕成为必然趋势，大面积的农场随之出现。1976年修订后的《土地整理法》明确提出了保护乡村特有的景观风貌，重视原有文化形态和生态发展。比如，德国乡村房屋的黄墙红瓦、顶部的阁楼与烟囱，门前的石梯台阶、乡间道路、农耕用具等都保留下来，城乡等值化要求在此基础上达成区域间的经济文化互补，从而吸引更多的人留在乡村生活。利用现代科技处理生活排水、风能、太阳能、雨水堆积等问题，使乡村生活和城市生活一样便利。

（4）日本最美村庄——合掌村

合掌村坐落在日本素有"森林与溪流之国"美称的岐阜县。由于其在严冬时常有大雪，人们把屋顶建造成60°的急斜面，建筑形状类似双手合掌，故而得名合掌村（图1-2-2）。

图1-2-2　合掌村

　　合掌村在景观改造过程中保护原生态建筑，对破败、荒废的房屋加以修葺和翻新；制定景观保护与开发规则，严格遵循规则改造村落，保护村落的自然生态环境；建立合掌村民家园博物馆，展现当地古老的生产方式和生活用具；采用旅游景观与农业发展相结合的原则，把当地的农副产品以及绿色健康食品与旅游直接挂钩，推动当地经济发展；开发传统文化资源，把传统节日庆典作为旅游资源对外开放，保留传统风俗习惯；建立配套商业街，售卖当地特色商品，店铺设计风格与传统文化相结合，在促进经济发展的同时，弘扬当地特色文化；民宿与旅游相结合，使游客在居住过程中感受到乡村生活的朴素与温暖；与企业联合建立自然环境保护基地，让人们用生态环保的眼光看待现代人的生活，用节能减排、资源再利用等各种环保措施来维护自然环境，使我们的环境更加美丽。

　　这个位于山脚下的小村庄，每年游人如织，依靠的就是它的原汁原味。没有过多现代化的干涉，反而成为当地的特色。

　　（5）杭州富阳文村村改造

　　中华文化博大精深、源远流长，在中国大地上，势必有很多拥有着自己风俗特色的村庄和一些已经为人所熟知的旅游小镇，如福建土楼、浙江乌镇，其成功的道理同合掌村十分相似。它们的经验对中国美丽乡村建设具有积极的参考作用。

　　富阳文村村地理环境优越，原始乡村风貌保留相对完整（图1-2-3）。2015

年，杭州市人民政府要完成美丽宜居示范村的任务，于是请来了普利兹克建筑奖的获得者王澍，由他带领团队对富阳文村村进行实地考察，整合资源，充分听取并采纳村民意见，用了三年时间才完成对富阳文村村的农耕文化保护性改建，从而使40多幢由明代、清代和民国时期留下的古建筑得以保存和修茸。富阳文村村的改建用王澍的话来说就是："农居房改建时的一砖一瓦，一面墙或者一个屋檐都是经过村民同意后完成的。"整个团队在进行改建时充分考虑村民的生活习惯，如厨房和工具房的空间要大，便于摆放柴灶和农具等。在材料选择上，王澍坚持就地取材，杭灰石、黄黏土、楠竹等一定要用到，对于重建的房屋要整旧如旧，与周围环境相协调，对于要深度改造的房屋则抓住重点，夯土建筑就用现代新式夯土技术，砖块构架就用抹泥技术改造等。改建后的民居在景观上为文村村带来新的面貌，使文村村成为具有传统历史、生态文明和现代化的美丽村庄，这不仅吸引了众多游客前来观赏，也吸引了一批互联网公司和民宿产业发展企业前来投资，从而带动了文村村三大产业的发展，使文村村的经济得到增长。

图1-2-3 富阳文村村

（6）桐庐荻浦村的改造

作为有着千年历史的古村，荻浦村在发展中保留了40幢古民居和古迹，村域历史悠久，底蕴丰富（图1-2-4）。村内的孝义文化、古树文化、古造纸文化和古戏曲文化是村内有名的四大文化。从2010年起，荻浦村便开始陆续进行乡村景观改造，运用"古为今用、土为洋用"的设计手法，将始建于宋、重构于元的古戏台保庆堂改造为村文化礼堂，人们可以在这里排练戏曲、休闲娱乐。同时荻浦村古建筑保存良好，多为明清时代的徽派建筑风格，白墙黑瓦，有水墨清雅之美。村内保留了宋代的范井，明代的则有三幢较为完整的房屋。由于地理位置、气候条件相对较好，且水系发达，荻浦村打造了花海旅游景区。这个景区的花卉品种可达十多样，根据季节不同，盛开不同的花朵，如春天的矢车菊、薰衣草，秋天的向日葵、百日草等。花卉在种植造型上融合动漫元素，具有新奇的视觉效果，同时每年十月份还会举办乡村音乐节等。这一系列的乡村景观改造为荻浦村带来了丰富的旅游文化资源，也进一步带动了乡村的经济发展，打造了具有生命活力的乡村景观风貌。

通过参考国内外乡村改造的案例和阅读大量的乡村景观设计文献可以得出，景观设计必须要充分融合当地的农耕文化，将自然环境与人文活动相结合，乡村振兴不仅要经济振兴，农耕文化也要得到传承与保护。只有遵循当地特色农耕文化，并运用现代景观设计方式，才能使乡村变得既具有审美价值、实用价值，又具有经济价值、文化价值，才能更好带动乡村经济的发展。

图1-2-4 桐庐荻浦村

4.未来乡村图景

长期致力于新农村建设的画家孙君说过，中国未来30年，乡村将成为奢侈品。孙君认为，随着中华信仰、乡村文化、自然为本等传统价值的回归，乡村必然会取代城市成为人人向往的居住空间，而城市很可能会沦为"警察与小偷共存的地方"。孙君看到了城市人群对乡村价值的肯定趋势，但从发达国家城乡发展史的角度来看，城市未必会变成"警察与小偷共存的地方"。从经济学"物以稀为贵"的一般规律来看，未来中国广大的乡村或许也难以成为奢侈品。但孙君的价值判断无疑是正确的，那就是乡村正变得越来越珍贵，这种价值也越来越显性化。

根据联合国发布的城镇化报告，到2050年，全球将有70%的人口居住在城市地区，而中国的城镇化率显然将超越这个水准，农业人口的减少带来了农民收入增长的可能。2018年，日本的农业人口数量已经跌破了200万，仅占全国总人口的1.5%，而日本农民的收入水平与城市人群的收入水平相当，这与欧洲、美国的情形相似，跨入农业3.0阶段的发达国家的农民的收入水平与城市人群的收入水平的差距普遍并不显著。随着农业4.0时代的到来，自动化农业、无人化农业将削减更多的劳动力，农业拥有更高的产出效率，农民的收入将更上一层楼。

高科技赋能的农业4.0使农民摆脱了田亩之累，面朝黄土背朝天的传统农民消失了，取而代之的是拥有高学历、高文化素质的职业农民。进入农业4.0时代的农业生产，无人农场、无人果园、无人物流、无人电子商务等无人化生产流通交易模式将成为主流，职业农民只需要偶尔摆弄一下手机就能掌控农业生产的全过程，而机器人将代替人工进行器械维修、保养及所有繁重、琐碎的工作。职业农民不需要日晒雨淋，黝黑的皮肤、粗糙的双手离他们远去，从外观上看，他们和城市白领并无二致。他们在轻松从事农业生产的同时，还能享受到静谧、秀美的田园风光，这让农民这个职业令人艳羡。与此同时，深入每个县级市的高铁与互联网让农民轻松便捷地享受到城市的服务与资讯，乡村的基础设施、公共服务设施等建设水平与城市之间的差距缩小。农民不再是居于荒野之地，他们将通过快速交通及信息网络与城市生活相联通。

在不远的将来，乡村将成为最广泛的新旅居空间，城市人群与职业农民一样，会成为"城乡双栖人"。随着全息投影3D技术的成熟，人与人之间可能并不需要面对面就能完成深层次的沟通交流，这是继视频之后的又一次革命。通过全息投影3D技术，人与人之间的沟通效果与面对面沟通的差距变得微乎其微，这使远程办公的比例大大提升。上班族不需要在同一物理空间中济济一堂，就能感受到同事的细微表情、情绪变化。这同样适用于远程教育、远程医疗等。最终，远程革命将推动城市人群向外寻求更宽敞、更便宜、更贴近自然的生活空间，他们将在城市与乡村之间穿梭，从目前的"五天在城市，两天在乡村"转变为"两天在城市，五天在乡村"。职业农民同样拥有更多的闲暇时光，他们和城市人群一样，都将成为"城乡双栖人"。

二、民俗信仰下的乡村振兴

（一）民俗信仰的概念

在探究"民俗信仰下的乡村振兴"这一问题之前，我们有必要对于民俗的概念进行探讨。民俗是在民众当中流行的生活范式、礼仪习俗和价值观念，具有集体性、地方性、传承性和口头性等特点。它自发形成，形式自由自在，可不受文字文本、教条教义、政治制度等条条框框的约束。

　　一般来说，传统的小型社会，尤其是村落，是滋生民俗文化的最佳土壤，虽然一项民俗的产生往往也有外界因素的影响。20世纪以来，随着中国社会的彻底变革，传统乡村社会的宗族、村社等组织走向解体。改革开放以来，中国加快了现代化的进程，乡村社会的版图日益缩小，作为乡村社会中栋梁的青壮年农民成群结队地涌向城市，乡村人口稀少化和老龄化现象日趋严重，地方民俗所赖以生存的文化生态渐趋消亡。在这种情形下，如何能将祖先创造的、世世代代流传下来的民间文化保存起来、传承下去，成为现代社会的有机组成部分，以保持中华文明的本土特色，是社会各界所共同关心的问题。

（二）以衢州"九华立春祭"为例谈民俗信仰的发展

1.中国古代的句芒神话与立春礼俗

2011年5月，国务院批准文化部（今文化和旅游部）确定了《第三批国家级非物质文化遗产名录》（共计191项）和《国家级非物质文化遗产名录扩展项目名录》（共计164项）。浙江省衢州市柯城区的"九华立春祭"、浙江省遂昌县的"班春劝农"、贵州省石阡县的"石阡说春"一起，以"农历二十四节气"为总体名称，被纳入《国家级非物质文化遗产名录》的扩展项目名录中（项目编号X-68）。九华立春祭所祭祀的是古代神话中的木神和春神句芒，祭祀日期设在农历二十四节气之首的立春日。

　　古代中国人的伟大发明之一就是农历二十四节气。华夏民族对于由太阳运行带来的节气转换的认知到底源于何时，这显然是一个容易引发争议的问题。胡厚宣、杨树达等老一辈的甲骨学者研究过一片记录有"四方风名"的商代甲骨（《甲骨文合集》），考释出与《山海经》等后代文献记载基本一致的四个方位的名称和所属的神灵之名："东方曰析，凤（风）曰协；南方曰因，凤（风）曰微；西方曰韦，凤（风）曰彝……"

　　周代的四方神灵观念见于《周礼·春官·大宗伯》，其中提到应以各种不同的玉石制成六样不同的礼器，以供奉各方神灵："以玉作六器，以礼天地四方，以苍璧礼天，以黄琮礼地，以青圭礼东方，以赤璋礼南方，以白琥礼西方，以玄璜礼北方。"《左传·昭公二十九年》中也有关于四方神灵的记载："木正曰句芒，火正曰祝融，金正曰蓐收，水正曰玄冥，土正曰后土。"这里已经把句芒和东方联系在了一起。对此，郑玄注曰："礼东方以立春，谓苍精之帝，而太昊、句芒食焉。"《吕氏春秋·孟春纪》亦载："其帝太皞，其神句芒。"高诱注曰："太皞，伏羲氏，以木德王天下之号，死祀于东方，为木德之帝。句芒，少皞氏之裔子曰重，佐木德之帝，死为木官之神。"关于句芒的神话，则最早见于《墨子·明鬼下》，说他曾替"帝"传话、为有德之郑穆公添寿十九年。他的形象乃是"鸟身，素服三绝，面状正方"。

成书于汉代的《礼记》在《月令》篇中将一年四季的主宰神明加以体系化，其中提到：春三月的"帝"为太皞，"神"为句芒；夏三月的"帝"为炎帝，"神"为祝融；秋三月的"帝"为少皞，"神"为蓐收；冬三月的"帝"为颛顼，"神"为玄冥。这里的"句芒"，郑玄注释为"少皞氏之子，曰重，为木官"。

民俗学者简涛曾指出，句芒在古代神话体系中是"神"，而不是"帝"，他身为春神、木神、东方之神，又为青帝的助手，作为一个理想的媒介，把季节中的春天、五行中的木、方位中的东方和五帝中的青帝连接了起来，构成了立春礼仪中的完整的象征系统。虽然其中的某些元素出自上古，但这一理想化的系统的形成不可能在汉代之前，而是在两汉时期所盛行的天人相应和阴阳五行观念影响下才得以完备起来。不仅如此，就是立春祭祀的礼仪习俗起源也应在汉代，其礼仪设计所依据的主要是《礼记·月令》中的有关设想，并基于西汉时期的郊祀礼。汉代的立春礼仪虽然吸收了民间的"出土牛"习俗，但和官礼的迎气礼属于互不相关的两个部分。立春迎气礼在东郊进行，参加者的服饰以青色为主，句芒以青帝的助手身份出现，也是祭祀对象之一。同时，在城门之外要设置土牛和耕人，向广大百姓报春，以示劝农之意。

东汉以后，一直到清代，立春礼仪都有延续，但每个时期的表现形式有所不同。例如，唐代的立春礼仪不再像汉代那么庄严肃穆，而是多了一些欢乐色调，增加了如皇帝赏赐大臣春花这样的节庆内容。"出土牛"的习俗也有所改变，耕人变成了策牛人，策牛人和土牛的相互位置被用来象征立春节气的早晚，而且出现了官员杖打土牛的仪式性行为。这些都应是后世"扮芒神""鞭春"等立春习俗的源头。由人扮演的"芒神"取代耕人或策牛人进入"出土牛"礼仪应是在南宋时期，且很可能是迎气礼式微或者废止的缘故。到了明代，朝廷制定了相应的礼仪制度，从制度上确立了芒神的地位。

到了民国时期，政府取缔传统夏历（农历、阴历），改用西历（公历、阳历），立春不再是一个官方认可的节日，立春的官方礼仪也从此消失。但在一些地区的民间，还依然流行着在立春日迎春、鞭（打）春、吃春饼或春卷等习俗。

之后作为二十四节气之一的立春虽然还常常被感知，但它作为一个古老的农事节日的属性却已被逐渐淡忘。中国人有关青帝、句芒、春牛的记忆和情感逐渐淡薄，扮芒神、鞭春牛、吃春饼或春卷等立春习俗真正变成了历史，仅见于一些偏远的乡村和特殊的人群当中。位于浙西山区的九华乡外陈村，因拥有一座供奉句芒的梧桐祖殿并保留着一些立春古俗，是国内现有保留立春民俗文化最为完整的一处。

2.梧桐祖殿及其立春祭祀

九华乡位于浙江省衢州地区的西北部，距离城区大约8.8千米。此地有山有水，风景秀丽，古属浮石乡，1920年改称毓秀乡，1939年才改名九华乡，大约因临近当地的九华山而得名。该乡在行政上归属衢州市柯城区，面积81.17平方千米，现有乡民2万多人，分23个行政村，外陈村是其中之一，村民多属苏、傅、王、龚四大姓，前两姓居多，迁来时间也较早，据说来自福建。四姓都拥有自己的族谱，村中尚有苏氏和傅氏两个宗厅，供宗族活动之用。

位于村口的梧桐祖殿是村中唯一的庙宇，里面供奉的主神就是中国古代神话中的春神和木神句芒。现有一个偏殿，供奉的是佛祖的雕像。该建筑在1933年曾经大修，1949年后遭到较为严重的毁坏，一度用作村里的锯板厂和碾米厂。2001年，当地人士汪筱联在帮助柯城区旅游局进行旅游资源普查时，偶然发现了这幢老房子，见它有三扇门，不像是一般的民居，就猜是座古庙。当他刮去覆盖在老屋门额上的黄泥时，便看到了"梧桐祖殿"四个大字。后听村里的老人讲，这是"梧桐老佛殿"，老人只记得小时候村里每年都要在此举行立春祭和中秋祭，里面供奉的佛像长着一对翅膀。根据这一线索，汪筱联便推断出村民相传的"梧桐老佛"就是春神句芒。

此后，在汪筱联等人的呼吁下，锯板厂和碾米厂终于在2004年从庙内搬走。村民自发捐款，凑了三四万元钱对"梧桐老佛殿"进行修缮。当时负责这项工程的，就是外陈村党支部书记龚元龙的弟弟龚卸龙。在复原春神像时，他们参考了各类古代文献中有关句芒的记载并加以汇集，如前面提到的《墨子》中的描述和《山海经·海外东经》中的"鸟身人面，乘两龙"的说法，把春神塑造成了一个长方形脸、身穿白衣、脚驭两龙、背上有两扇翅膀、右手举着圆规、左手握着装有五谷的布包的人物形象。

主殿采用这一带典型的民间建筑格局，当地称"三间六"，分为上、中、下三堂，两边各可隔出三间（普通人家用门板隔开，在宗祠、庙宇中则不隔），共得六间房。中间部分为上堂、中堂（天井）和下堂。梧桐祖殿上堂中部的神坛供奉句芒塑像，主神左手边的祭台上摆放着三尊大小不一的关公像，右手边则是尉迟、晏、杨、蔡四位神将的雕像。在他们背后的墙上，分别描绘着"风""雨""雷""电"四位神灵以及"富""贵"和两位天王的形象。在大殿左右两边的墙壁上，绘有二十四节气主题的壁画作装饰。在天井中的井边照例放着一盛满水的水缸，表示钵满盆满。下堂是两层的戏台，正门就开在台后。因为台不高，所以成年人进门后都必须弓身穿过台下的走廊。对于村民来说，这个设计正好用来强制人们在神灵面前低头，以示恭敬之意。

位于外陈村村头的梧桐祖庙背面靠山，前面也望山。隔着街道和田地，山脚下流淌着一条名叫"庙源"的小溪。顺着小溪沿路而上，途经与外陈村毗邻的三皇殿村，就会走进一个名叫"女娲"的山谷，在半路上可以找到梧桐祖殿的原址。原址已无建筑，只在树木草丛间隐约可以辨识出一个用石头垒成的平台。人站在这里，面对着一座郁郁葱葱的名为梧桐峰的山峰，山脚下一条清澈、奔流的山涧，初春的太阳正好从山坡的斜角探出头来，暖洋洋地照在当头，丝丝回暖的地气氤氲在脚下，草木间一股春的气息将人团团围住，真有一种如沐春风般的美妙之感。风景如此之好，无怪乎古人会在此选址建造春神殿了。

然而，当地人对于梧桐祖殿的来历有着自己的说法。据汪筱联解释，当地人之所以称春神殿为"梧桐祖殿"，是因为古谚有云："家有梧桐树，自有凤凰来。"凤凰非梧桐不栖。句芒鸟身，原是凤鸟氏族，凤鸟就是凤凰。相传古时外陈村境内的山岭主峰上多梧桐树，被句芒看上了，他便在这里居住下来。从此山上梧桐树以及其他树木都长得更加茂盛。村民感恩，便在梧桐峰上盖起了一座庙宇，用一根巨大的梧桐树根雕了一个神像供奉起来，称之为"梧桐老佛"。后来为何搬迁到了山下呢？原来，在梧桐峰对面的天台峰上还居住着一对修炼成仙的兄弟——赤松子和赤须子，他们是神农氏的雨师。赤松子是放羊出身，成仙后仍在天台峰上养了一群羊，而且任其繁育而不食用，最后变得像天上的云朵那么多，把原本长满百草的山坡吃成了个秃头山。木神句芒看了十分心痛，就和赤松子暗中斗法，让天台峰上只长乔木和毛竹，不长百草。赤松子赶着羊群想到别处去，句芒就让正在移动的羊群前突然长出一片密密的乔木，好像木栅栏似的挡住了羊的去路。但赤松子在晚上还是偷偷地把羊群赶到了石梁方向的治岭山坡上。谁知句芒又让这里不长羊吃的草。赤松子只好命令羊群进入"冬眠"状态，都变成白石头，等山上长草后再还原成白羊。赤松子的哥哥赤须子不想让他们斗下去伤了和气，以致连累到百姓，就出面调解。他劝弟弟不要再养羊，让那些白羊永远成为石头。而农家可以养些羊供人食用，这样数量不会多起来，平时又可听到羊羔的悦耳叫声。赤松子顺从了哥哥，他的羊就永远成了满山的石群。赤须子又劝说木神句芒不要再一个人住在梧桐峰了，不如在山下平地上造所大殿，将"三皇""五帝"都请来，大家居住在一起。句芒依允了。可怎么搬呢？赤松子是雨师，一天他让梧桐峰上突然下起暴雨，将山中的梧桐庙冲倒了，"梧桐老佛"也顺着山洪漂流到山下，只在波涛中旋转。正当许多村民在围观这一奇怪的现象时，一位过路人劝他们赶快下水打捞，并说这是"梧桐老佛"，因山庙太小，要大家在此为他盖所大殿居住，就叫"梧桐祖殿"。原来这个过路人就是赤松子所化。当地人听了他的话，就地建造了这座"梧桐祖殿"。

这虽是神话故事，却也能透露出一些接近事实的信息。一是梧桐祖殿确是为春神句芒而建，其原为一座山间小庙，后来因洪水冲垮了这座庙宇，将句芒塑像冲到外陈村村口，所以当地人才为他就地建造了新的庙宇。二是在迁址后的梧桐祖殿中，原本或许还有"三皇""五帝"等神位，但这些在近年新修的殿堂中，已被关公等塑像所取代。

为恢复梧桐祖庙的立春祭，汪筱联等人还整理出了一些有关当地立春习俗的资料。立春日，俗称"接春日""开春"，这天人们起床后的第一件事就是翻看历书，查明交春的时刻。人们将一株新鲜的白菜植在盛满细沙的大碗里。碗里插有一面长条形的红纸小旗，旗上写着"迎春接福"四个字，碗的后面放着一杯清茶。然后把桌子搬到天井里，插香点烛。等红烛燃完后，再把白菜移植于菜地或花盆中，表示春天到了，生机勃勃，万象回春。这一日，"报春人"要挨家挨户上门送《春牛图》，即一种木刻印刷的民间版画。家家将《春牛图》贴于中堂，上面印着"风调雨顺""国泰民安"等吉语。《春牛图》一般以红纸黑线版为主，也有套色彩印的。它的图式象征着节气的早晚。如果有策牛人手提绳子牵着耕牛，意为当年农时节气迟，耕牛较空闲；有策牛人手提竹鞭在耕牛后面赶的，意为当年农时节气紧，耕牛特别忙；有策牛人骑在牛背上横笛的，意为当年风调雨顺，年成好等。《春牛图》除了预卜一年的农业丰歉外，还要标出年中的生产节气和潮水涨落的时辰。

以前在立春日，在衢州府城要由地方官率僚属迎春于东部，"出土牛"行"鞭春礼"，称"打春"。鞭打完毕后，百姓一拥而上抢夺牛身上的土，谓之"抢春"，以抢得牛头为吉利；抢到牛身上的"肉"，养蚕必丰收；抢到牛角上的土，庄稼必丰收；抢到牛肚子里的粮食，就预示着这一年五谷丰登，粮食仓满囤流。民间还流传，牛身上的土是天赐的灵丹妙药，只要用布包上它在病患处抹抹擦擦，病马上就好。立春日在梧桐祖殿也举办庙会，有迎春（敲锣打鼓迎接春神）、探春（外出踏青）、插春（采集松枝翠柏等插在门上）、戴春（儿童将柳枝编成环状戴到头上）、尝春（"咬春""吃春盘"食用新鲜蔬菜）、"迎春牛"等习俗。"迎春牛"，就是用竹篾扎成牛形，糊上彩纸，脚下装小轮，身上披红挂彩，由一乞丐扮成"牧牛太岁"，在迎春祭毕后牵着牛沿街游行。队伍打着旗子，敲锣打鼓。小孩子用七粒（或六粒）豆子系在牛角上以避痘灾。在庙会期间人们还进行投壶、击鼓传梅、踩高跷、竹马灯等游戏娱乐活动。梧桐祖殿的戏台上要连演三天三夜的大戏。其他节日如春节、元宵、清明、端午、中秋、重阳、冬至等也要在殿内演戏，并邀请亲朋好友来做客助兴。节日小吃则有春饼、春卷、米糊等。

（三）民俗信仰与乡村振兴

1.传统乡村中民俗文化的地位和作用

乡村民俗文化自古以来就是乡村社会重要的软治理资源。传统中国由于"皇权不下县"，国家政权没有深入中国广大乡村社会。而千百年来我国乡村社会形成了具有较强稳定性和一定封闭性的农耕文明，建立在血缘关系基础上的家族和宗族是农耕社会发展的组织基础，宗法体系将整个乡村社会联结成一个牢固的乡村共同体。因此，传统乡村社会的治理很少依赖国家政权、法律法规等硬治理手段，而主要依靠一种以家族和宗族为基础的，以儒家思想为内核的，传统礼俗文化的软治理手段。而传统礼俗文化是从传统民俗文化发展而来的，从周朝开始，古代上层阶级就流行去民间"采风"，从民俗中汲取灵感来制礼并以此来进行教化。可见，民俗文化是先于礼而存在的，礼从民俗文化中凝炼出社会规范的指导性原则，并使人们在民俗实践活动中践行。传统礼俗文化以民俗文化为土壤，礼俗文化的教化和规范等软治理作用依托一定的民俗实践活动来进行。因此，乡村民俗文化自古以来就是乡村社会重要的治理资源。

乡村民俗文化是村民千百年来在社会生活与生产中形成的共同风俗与习惯，其中蕴含的礼俗规范涉及饮食、着装、家政、出行、婚丧、祭祀、人际交往、人生仪礼、宗教信仰、岁时节日、农业耕种等乡村社会生活的方方面面。乡村民俗文化在潜移默化之中对村民进行内在塑造与外在约束，并以此来实现乡村社会的治理。一方面，在历史的长河中，村民通过对传统民俗文化的代代沿袭与反复实践，将其中所蕴含的礼俗规范内化于心，使其成为指导人们日常生活的价值规范与行为准则，并在生活中不断塑造村民的伦理观念。另一方面，传统乡村社会形成了以血缘为纽带的家族、宗族等社会组织，族长、绅士等乡村传统权威通过实施家法、族规、村规、民约等人们共同遵守的社会制度，对村民形成外在约束，并以此来调解乡村社会的纠纷与摩擦，维系乡村社会的礼俗秩序，使一些国家权力难以到达的乡村社会也并没有陷入混乱不堪的局面，而是秩序井然。

在乡村社会生活中，民俗文化对人形成一种深层的软控制，潜移默化地指导着人们的思想与行为，使人们在社会生活中遵守礼俗规范。

在个人层面，通过民俗文化可塑造个体的人格和社会心理，通过一定的仪式可赋予个体在家族、宗族等共同体中身份与地位的合法性。人生仪式是将个体生命加以社会化的程序规范和阶段性标志。人从一出生便受到传统礼俗的洗礼，通过为婴儿举办诞生仪式，可使其获得一定的社会地位，从一个生物意义上的"人"转化为被社会所承认的社会上的"人"。此后，个体要在其人生所有的重要阶段经历具有不同象征意义的人生仪式，如成年仪式、婚姻仪式、丧葬仪式等。通过举办成年仪式来承认年轻人已具有踏入社会的能力与资格，如具备参加祭祀的资格等，同时象征着他开始要履行和承担一定的义务与责任。婚姻仪式通过婚礼仪式来建立为社会所认可的婚配关系以及姻亲关系。

在组织层面，构筑在血缘基础上的家族、宗族是乡村社会最基础的组织结构，也是对乡村社会进行礼俗治理的主要单位。家族和宗族组织在治理过程中需遵循一定的习俗。以家族为例，古代家族通过建立和传承家训、家法、家风、家谱和宗祠等家族风俗文化，在家族层面构建出一套系统的礼俗文化体系，用以教育家族子弟、解决家族纠纷、协调家族关系。其中，家训是先辈经过总结遗留给子孙后代的处事训言，其内容一般通过强调儒家"孝""悌"以及围绕儒家"五常"即"仁、义、礼、智、信"等伦理思想来塑造成员人格、强化家族伦理。家法则是一种以家族利益为导向，调整家族成员关系的伦理规范。家风是具有家族特色，强调优良的家族精神传统，由家族代代沿袭的生活方式，家风对家族成员同样具有很强的规范作用。家谱是承载家族历史和文化的一种文本，主要用于延续家族伦理、辈分关系。宗祠主要是家族成员祭祀先祖的公共空间，人们通过在宗祠开展家族祭祀等活动来产生认同感和归属感。此外，宗祠也是商议、聚会、社交、教育的场所。

在社会层面，传统乡村形成了比较完善的社会制度。以乡约制度为例，由于国家政权不能深入乡村，国家法律不能有效治理乡村社会，因此，乡村社会逐渐发展出一套自我治理的行为规范，即乡规民约。乡规民约是一种建立在乡民共同商议与认同的基础上的乡村生活准则和行为规范，其实行的主体是村民，规范的对象也是村民，其目的在于实施礼俗教化，化解乡村社会矛盾，维护乡村社会秩序。宋代的《吕氏乡约》是最早的较为系统的成文乡约，该乡约提及德业相劝、过失相规、礼俗相交、患难相恤等体现儒家伦理规范的内容。乡规民约自宋代开始出现"乡约"这一组织形式。乡约作为乡规民约的执行组织，其组织者一般是乡村中具有一定财富、地位或威望的绅士阶层。立足乡约制度，乡村绅士往往通过乡规民约中的礼俗文化来调解乡村社会纠纷。

2.如今乡村传统民俗文化呈现振兴趋势

改革开放以后，民俗文化重现生机，各地逐渐出现"民俗热"的景象，越来越多的民俗活动被重新挖掘和恢复。

20世纪90年代，民俗界也掀起了对民俗文化的抢救热潮。但是，随着民俗事业的蓬勃发展，学术界开始意识到改革开放初期的"民俗热"并非真正意义上的民俗复兴，而是追随着改革开放"以经济建设为中心"这一核心任务而上演的"文化搭台，经济唱戏"。一方面，这种以经济发展为目标的民俗复兴，在很大程度上造成了民俗文化生态的破坏。例如，民俗旅游的过度商业化以及同质化发展造成原生态民俗文化资源的破坏。另一方面，原本承载着乡村社会伦理价值，为乡村社会提供治理规则的传统民俗文化依然没有得到振兴。

21世纪以来，民俗文化的振兴与发展，越来越关注传统与现代的融合，保护与发展的平衡。在新时代背景下，随着乡村振兴战略的提出，民俗文化振兴作为乡村文化振兴的一个重要内容受到越来越多的关注。部分学者开始关注如何将传统民俗文化应用于现代社会治理实践层面，如振兴宗祠文化、乡规民约等。

（四）民俗信仰应发挥的功能

民俗界将民俗信仰的功能归纳为教化功能、规范功能、维系功能以及调节功能。教化功能体现在民俗信仰在个体的社会化过程中起到教育与塑造的作用。规范功能体现在民俗信仰对于成员行为方式的约束作用上。社会规范按照其层次由深到浅可以分为民俗、道德、纪律、法律，其中，民俗是出现最早、约束最广的深层次社会规范。维系功能体现在民俗信仰对社会群体的思想与行为的统一上，使其成员生活稳定并保持向心力和凝聚力。调节功能体现在民俗活动对于社会生活和社会心理的调节作用上，如娱乐、补偿、宣泄等。这一观点具有较强权威性，对本书讨论民俗信仰的功能具有较大借鉴意义。本书在这一分类的基础上，将民俗信仰的功能归纳为社会功能、精神功能、政治功能以及经济功能四个方面。对于乡村振兴来说，要想充分结合好民俗信仰，发挥它的作用，就要将其功能充分发挥出来。

1.社会功能

民俗信仰的社会功能是指民俗信仰在社会层面产生的作用，包括民俗信仰对社会风尚的价值导向作用以及民俗信仰对社会成员的行为约束作用两个方面。

一方面，大部分民俗信仰都有着健康积极的价值内涵，既包含着尊老爱幼、团结友善的伦理精神，又包含着忠义爱国的民族精神，同时包含着对于农业丰收、身体健康等美好生活的追求。对于塑造个体的人格和促进个体的社会化起到重要作用。以节庆民俗为例，不同的岁时节日有着不同的价值内涵，清明节祭祖表达对祖先的尊敬和追思，中秋节讲究家庭团聚，传达了人们对于合家团圆的追求。这些节日礼俗在无形之中熏陶和形塑着个体的价值观念。有学者认为，个体生活首先是适应由他的社区代代相传下来的生活模式和标准。从他出生之时起，他生于其中的风俗就在塑造着他的经验与行为。

另一方面，民俗信仰还具有很强的实践性，种类丰富的民俗活动穿插在民众的日常生活之中。民俗活动既是人们寄托美好生活向往的载体，又是互动交流的依托。人们通过组织和参与民俗活动，来表达民俗信仰，祈求美好的生活。蕴藏于民俗活动之中的价值和精神正是在人们对民俗仪式年复一年的表演和体验之中，潜移默化地发挥着教化心灵的作用。

2.精神功能

民俗信仰的精神功能是指民俗信仰在精神层面产生的作用，主要表现为对于社会心理的凝聚和调节作用。

一方面，民俗信仰对于社会心理的凝聚作用体现在民俗信仰对于共同体意识的凝聚。在同一种民俗生活环境中成长的社会成员，具有共同的民俗文化符号、象征意义以及行为模式，并在此基础上通过民俗公共生活的形式形成集体记忆，从而凝聚着共同体的认同感和归属感。例如，海外华侨一般会在年节期间举办舞龙、灯会等传统民俗活动，这既是在表达对于祖国和故乡的思念之情，也是在强化华侨自身对于炎黄子孙的身份认同感。

另一方面，民俗信仰对于社会心理的调节作用体现在民俗活动所具有的娱乐、宣泄和补偿等功能上。民俗活动具有一定的休闲趣味性，人们往往愿意主动参与到丰富多彩的民俗活动中，如庙会、灯会、社戏、民间游戏和民俗竞技等，并在热闹非凡、张灯结彩的文化氛围中舒缓压力、愉悦身心。民俗信仰的宣泄功能主要指民俗信仰中蕴含的狂欢精神，某些民俗活动如斗牛等能够通过狂欢来让人宣泄情绪、抒发情感。民俗信仰的补偿功能是指神圣的民俗信仰以及赏心悦目的民俗表演能给人们创造一定的精神归宿，并慰藉人们在现实中备受压抑的心灵和精神。

3.政治功能

民俗信仰的政治功能是指民俗信仰在政治层面所产生的作用，包括民俗信仰促进人们对国家的认同以及推进社会政治稳定

一方面，乡村民俗信仰具有广泛的社会基础，乡村社会举办一场民俗活动，如庙会，往往能够动员乡村各方社会力量参与其中，包括乡镇政府、乡村社会自治组织、乡村精英以及广大普通村民等。尤其在大型且具有影响力的民俗活动举办过程中，村民往往表现出更大的参与性，参与关于民俗活动公共事务的民主决策、民主管理与民主监督等环节。

另一方面，发挥民俗信仰的软治理功能，有利于乡村多元治理主体之间持续不断的合作与互动，从而促进乡村政治稳定。例如，在民俗活动中，民众扮演表演者和观众等角色，政府扮演秩序维持和安全保障等角色，民众与政府之间的合作互动使干群关系在无形之中得以牢固，增强了民众对于政府的认同感，有利于乡村政治的稳定。

4.经济功能

民俗信仰的经济功能是指民俗信仰在经济层面产生的作用。从文化资本的角度来看，民俗信仰本身是一种传统文化资源，具备文化资本的特性，有很大的经济开发价值。乡村民俗信仰的发展往往与乡村经济发展相互融合。乡村经济发展状况会在很大程度上影响民俗活动开展的规模，而乡村民俗活动的举办往往也会推动当地旅游业的发展。依托乡村特色民俗活动而产生的周边产品往往会带动乡村文化产业的发展，从而促进乡村经济的发展。

以乡村庙会为例，我国乡村自古就有赶庙会的习俗。庙会是一种具有祭祀、发展商贸、交流等多种功能的传统民间民俗活动。庙会的一大功能便是商品贸易，由于庙会集聚了四乡民众，人流集聚之地往往形成买卖的集市，故称"庙市"。而现代庙会同样具有"庙市"的功能，只是比起旧时的"庙市"更为规范。在庙会举办期间，大批游客前来观光旅游，庙会也成为乡村中独特的旅游资源，对于促进乡村旅游业的发展具有重要意义。

第三节　乡村文化遗产的价值

一、文化和乡村

国家采取了大量措施以促进乡村的发展，在这一过程中，一定要重视人、重视社区、重视乡村、重视乡村文化。乡村与乡村文化之间相辅相成，密不可分。

乡村与文化到底是什么关系？回答这一问题，首先要确立文化的价值。文化到底有没有价值？政府对文化的干预自古以来都是不可避免的。以乡村社会的视角来看，只要有国家就有文化干预，文化干预是常态，只是不同时期干预的方式不同。中国现行的文化干预政策是保护传统文化，这是正确的。干预进行到现在，其核心内容就是树立国人对自己的文化自信及享受其中的获得感。传统文明距现今的生活太遥远，中国很多传统文化缺乏实用性，百姓只想着发展经济，乡村里很多文化还流传着，但不足以致富，这是问题的关键所在。如果我们想为乡村做事，就要回答"乡村文化的价值到底是什么"这一问题。它在当下的发展中还有价值吗？答案是有。可能也有村民会对自己村子的文化非常了解，讲起来如数家珍，但面临发展的问题的时候就都退缩了。

改革开放以来，中国经历了大规模、快速的城镇化进程，原本相对独立的乡村与城市的距离不断拉近，经历了前所未有的冲击与挑战。一个显著的影响便是中国传统的乡村正在遭受破坏甚至部分乡村在走向消亡，依附于其上的乡村遗产也因此失去生存的载体，逐步走向衰败。在此情形下，重视乡村、保护乡村、发展乡村已经刻不容缓。2017年，党的十九大报告中提出了乡村振兴战略，乡村发展迎来了新的契机。乡村振兴，既要塑形也要铸魂。文化是乡村振兴的源头活水，是支撑乡村内生式发展的重要动力。所以，文化建设在乡村振兴中发挥着重要的引领作用，乡村的全面振兴更离不开文化的滋养。乡村文化遗产是其中重要的组成部分。在当前的大环境下，乡村文化遗产不应仅仅被看作历史的沉淀，更应作为一种可以活化的资源，成为发展的要素。我们应全面、深入地认知其价值，并在此基础上进行保护与传承。

另外，文化遗产研究的视角也逐渐发生转换——从国家记忆和历史纪念物逐渐转向地方文化和日常生活，从单纯的文物保护转向更为灵活的发展与利用，人们对于文化遗产的认知也更加丰富与深刻。乡村文化遗产作为文化景观重要的子类型，近年来也引起了广泛关注，这为对其进行保护与研究提供了契机。乡村文化遗产记录着村落的历史文化，也积淀着村民的智慧经验，承载着一方人民的共同记忆。虽然乡村文化遗产目前尚未成为一种具有严格意义的通行概念，但与之相关的实践探索早已开展起来。面对这样的现实，"遗产保护"的理念逐渐被引入乡村。进入21世纪以来，我国相继出台了一系列关于村落保护的政策，此外还有一些社会力量的参与。

文化遗产保护的前提是价值认知，保护这些村落，对于村民、游客、政府、研究者等不同群体来说究竟意味着什么？要让人们重新认识传统村落的价值所在，就需要引入相应的认知方法与工具载体。那些飘散的民间记忆中与散落在田野、山林、巷道中的文化碎片如何得以珍藏和延续，并使其焕发新的生机，为村落注入独特的发展动力，是我国乡村当下亟待探索与解决的问题。

人们现在还没有认识到乡村文化的价值，很多学术研究成果也没有说清这个问题，人们关注的仍是符号化、表面化的问题。我们认为，乡村文化遗产的核心价值是其在处理人与自然、人与人的关系上具有的比较高级的智慧，其在社会组织方面低成本、高效率。

二、乡村文化遗产的核心价值

（一）传统文化的最后保存地

乡村文化遗产是文化多样性的重要组成部分，是传统文化的最后保存地，也是人类未来发展的动力。

从历史学和考古学的角度来看，乡村是人类社会发展的实物证明，研究乡村的现在情形有利于研究古代城市化、工业化的背景。乡村文化遗产的价值首先体现在，乡村是地域民族传统文化最后的集中保存地，也是世界多元文化的重要组成部分。由于各村落的自然环境不同、形成历史不同、文化结构不同，所以形成了种类众多、风俗多样、千差万别的乡村文化景观，这也是各国的"国土文化景观"。如果没有村落，国土就没有识别性。所以，文化多样性恰巧又是人类创造力的源泉和社会发展的动力，这实际上是联合国教科文组织关于文化多样性的评价。

乡村文化遗产代表着中国人文化身份的认同，是中华文明的"基因库"

和"干细胞库"。从传统中可以发展出引领未来的文化，东方文明先天具有生态文明的优势。

乡村是人类未来发展的动力，是人类不可或缺的创造力源泉。全人类的核心价值建立在文化多样性上，又进一步体现在发展目标、发展方式、生存文化方式的多样性上。中国的很多村落就是多样性的体现，如怒族的游耕，佤族在坡度达到70°的山地上定居超过500年。现在的乡村旅游经济关注的都是文化奇特性价值，即"表演性价值"或者"外在的景观价值"，这是最肤浅的价值。文化传承的方式包括典籍传承、物质文化传承、生活文化传承、现代教育传承，其中对生活文化传承的干预是最复杂的。

事实上，乡村文化遗产的价值首先是国家传统的认同、文化主人的自我认知，其价值是客观存在的，如艺术价值、建筑价值、生存智慧价值。所站的角度不一样，对价值的认知就不一样，专家学者对乡村的认知、城里人对乡村的认知、村民对乡村的认知都不一样。所以，我们需要发现、重估、输出乡村价值，以及乡村文化遗产价值。

（二）现代人的心灵家园和自我防御的文化空间

乡村所代表的传统文化有助于树立中国人对自己的文化自信以及享用的自在感。传统村落是现代人的心灵家园，是自我防御的文化空间，满足现代人对内心平衡感的追求。

如果对乡村的价值进行更深层次的阐释，我们可以提出"作为存在（生产）的乡村""作为资产（生活）的乡村"及"作为遗产的乡村"三个不同的概念，并进一步探究"源家园"的概念，或者称为"安全的栖居"。我们认为乡村承载着人类最根本的安全感，这种安全感是通过历史积累起来的，而且是城乡人民的共有遗产。

（三）处理人与自然、人与人关系的高级智慧

乡村在处理人与自然、人与人的关系上具有比较高级的智慧。例如，"约束"与"共享"。贵州岜沙人在一生中要种下六棵树，却只带走一截木头，这是"约束"的体现；在插秧开始时就要互助，每一户人家里至少有四十把凳子，这是"共享"的体现。在西南稻作文明体系中，这样人与自然、人与人和谐相处的例子比比皆是。乡村社会是私有与公有共存的状态，有一部分是不能私自处理的公有财产，如祠堂、耕牛，又如，非物质文化遗产是公有财产，而手艺可以是

私有财产。乡村共享、协调发展的集体主义精神是其带给现代社会的启发，传统社会中的动员能力和低成本对后现代社会也具有价值。

总结来说，在后现代社会中，乡村社会的经验主要有两方面：一是生存智慧，即人与自然的共存；二是更高级的自我实现的智慧，代表了文明的进步。我们还可以将其归结为"人与人、人与自然、人与物、人与事"的关系。研究乡村对城市建设也有指导意义，毕竟乡村人是带着乡村经验进入城市生活的。

（四）将艺术与生活相融合的生活方式

唱歌唱得好的乡村歌手通过选拔外出求学、工作，无法回到乡村，如侗族大歌这样的场景今后虽然很难得，但这正是后现代社会所追求的一种生活方式——将艺术与生活相融合。比如，作为"侗族大歌"传承人的杨国祥认为，黎平现在也有很多走出去的歌队，到各地演出，同时在外地打工聚居的侗族人也会聚在一起唱侗族大歌，唱歌已经融入侗族人的日常生活中。

第二章 原乡美学：传统民风民俗的保护与传承

本章对于传统民风民俗的保护与传承进行了更为深入的分析，在原乡美学的缘起与建构、传统村落的保护与发展、人文精神的保持与重建这三个方面进行了具体的分析。

第一节 原乡美学的缘起与建构

乡村是一个特殊文化空间，凝聚着中华民族的传统智慧，在村落选址、建筑选点、村落布局、建筑结构、营造选材、环境氛围等方面都蕴含着世代村民的智慧与实践。"道法自然""天人合一"是中国传统文化的精华，中国乡村正是在民族大智慧的指引下历经千百年风雨，坚强地走到21世纪。全国各地保留着一批极具地域性与民族性的特色古村落，使中华民族村落文化的多样性得以保存，并不断得到传承。

一、乡村的自然生态环境

（一）选址理念

中国古村落的选址与周围环境营造，非常重视与自然相协调、相适应。古书上记载："人之居处宜以大地山河为主。"这表明人类追求自然的情怀。村落与自然山水是一个系统整体，既相互联系、相互依存，又相互制约、相互对立、相互转化，因此古村落大多与大自然保持着良好的生态关系。

比如，根据侗族古歌追溯，侗族原本生活于东部的水乡泽国，有宽宽的堤坝，密密的江河，但田在高处，水在低处，侗族先民不知道该如何引低处的水来灌高处的苗。《根源歌》中唱道："要问我们侗族的祖先，当初住在什么地方？当初我们侗族的祖先，住在那梧州一带；当初我们侗族的祖先，住在那音州河旁。梧州地方田坝大，音州地方江河长。可惜真可惜，田地都在高坎上，引水不进田，河水空流淌。茫茫大地棉不好，宽宽田坝禾不旺。女的吃不饱饭，男的缺衣少裳。怎么办呀怎么办？公奶商量定主张，这个地方不能住，另外去找幸福的村庄。"为了寻找高处水，侗族先民开始迁徙。在侗族文化里，山和水是具有象征和隐喻意义的符号。侗族先民认为，人类是由树蔸、白菌、蘑菇、虾子等原始生物衍化而来的，诞生于山林和江河之中，与山林、河水存在一种亲缘关系，信仰山林、河水是人类的"本源"和"母体"。山水相依是一种生态存在态度，已融入侗族先民的生命和血液，并通过生产与生活实践而更加坚定。

"依山傍水"也是村落生态环境的地理印象，是一幅村落与自然生态环境和谐的山水画卷。比如，偏居于云贵高原东部的侗家人，主要聚居于溪峒之间，"九溪十八峒"就是侗族人主要居住区的生态环境的写照。正如清代李宗坊《黔记》记载："洞（侗）人皆在下游。"在中国西部有"高山住瑶，半山住苗，侗家住山槽（近水的峒场）"的民谚。侗族古歌中也唱道："村是根来寨是窝，鱼靠水米村靠坡。树离山坡要枯死，人离村寨不能活。"歌中也有对理想村落环境的描述："刹仰好，好地方，冬天暖来夏天凉，寨前小河水长流，寨后青山气势壮，晚蝉叫起很幽静，这里人间胜天堂。""这里土熟地好，满山密林是百鸟栖身的地方。青山绵延不断，绿水环抱山旁，溪边那块小坝，川中禾秆粗得像大腿一样。林中的青菜有甑子粗，张张菜叶似蒲扇。"依山傍水而居，是侗家人早期时代就获得的生态经验，构成侗族村落环境的典型特征。青山绿水间，侗族村寨，依山而延，顺水而连，四里一寨，错落有致，构成了充满生机与活力的特色生存空间。侗族村落和谐地生长在青山绿水的自然生态环境中。依山傍水而居，几乎所有村落环境都有一种紧凑感，即山林、土地、淡塘、堤坝、道路、村落组成一个和谐整体，共同形成侗家人的村落生态观。

在云贵高原东南的都柳江流域的崇山峻岭间，侗族的文化福地——萨岁山就坐落在这里，萨岁山地势奇特，四面悬崖峭壁，几条山脉奔腾齐聚到此。萨岁山独山高竹，山上古木苍劲，山下清溪环绕，巍然神境。山不高，水不深，似山环水抱，是侗家人神圣的心灵家园。肇兴侗寨群就坐落萨岁山北侧的肇兴谷里，四面环山，东面是弄抱山，为该区域最高峰。东南是雄奇的麒麟山，北面是虎形山，或称七背山。东北面是弄特山，正西面有西关山，西南则是后龙山，周边分布有多个大小山峰。山地之间有多条溪流蜿蜒其间，主要有肇兴河，泗水归寨，肇兴寨就在这山水环抱的生态画境里。

肇兴寨选址依山傍水还有一种说法，整个侗寨的选址与布局是"坐龙嘴"。肇兴溪就是"龙脉"，顺山脊到坝区至平缓处为"龙头"。"坐龙嘴"的村寨就能世世繁荣、代代昌盛。村寨里人们相信只有根据龙脉来选寨，根据龙脉的走势来规定建筑物规模，才能降龙脉而不伤龙脉，使村寨蒙受福祉。而花桥则是"配风水"，水被认为吉利的象征，溪水源源不断西流，会把财富带走，因此在水口处建花桥把水口封住，以留住财富。因此说，花桥是肇兴寨风调雨顺、吉祥富足的象征。肇兴民居按照溪流方向，沿着肇兴河布局，按照自己的审美观念和信仰，根据地形地貌进行合理选择，也使村寨布局更加合理。在村寨的建设过程中，为了使风水更好，人们在局部通过修桥、栽树、改道、改水等手段使村落布局更加完美。

（二）结构布局

古村落的规划布局由来已久，任何一个古村落都有自己的生态哲学，其统一原则就是如何与自然环境相和谐，"因地制宜""随形就势""因势利导"，主体意旨确实殊途同归，节约不可再生的土地资源，充分利用自然装点自然和融合自然，满足人们的居住心理要求，注重环境和资源容量，保持适度的聚居规模。

保存到现在的古村落多为聚居形态，有相当规模，村落多沿山势、水势布局，灵活多样。村落布局与所在的地形、地貌、山水等自然环境和谐统一，强调"天人合一"的思想，强调人与自然是一个整体，亲近自然，但有别于自然。《管子·乘马》中有："因天材，就地利，故城郭不必中规矩，道路不必中准绳。"这充分强调了村落营造应结合当地地理条件，不必强求形式的规矩整齐，要突出各地的个性特色，摒弃单一的格局，正是古人崇尚自然的集中体现。因此，中国传统村落环境空间塑造多强调顺应自然、依山就势、保土理水、因材施工、培植养气、珍惜土地、保住水脉等原则，保持自然生态格局与生态活力。

（三）建筑环境

古村落的美学特质，不仅表现在规划与布局上，还表现在建筑选材上，就地取材，适应环境。古村落民居都是当地气候条件、地形因素、生产方式等相融合的产物，体现《周易》的"适形"的营造观念，要顺应自然规律，建筑布局、空间处理等遵循"适形而止"的建筑原则，空间序列组合与生活密切结合，尺度宜人，建筑造型简朴，追求"天人合一"的生态自然观。中国地域辽阔，气候差异很大，土质也不一样，建筑形式亦不同。华北干旱，以砖石建筑为主；西北多窑洞，不占土地，节省材料，防火防寒，冬暖夏凉；江南平坦多雨，以砖土建筑为主；西南潮湿多雨，多营建木屋、竹楼。因此，中国古村落遗存，东西南北各地独有风格，华北为三合院、四合院，西北为土窑，江南的青砖黛瓦，客家有土楼，西南云贵地区则多干栏建筑。

（四）美学景观

古村落的意境向来是文人墨客咏诵的对象，虽为人造，却融于自然，浑然天成。古村落之所以成为中华民族传统文化的代表，是因为古村落是中华民族传统文化的精华与宝库，更是因为它已成为中华民族向往的美丽景致、心灵家园。古村落从选址、布局、建材都凝结着中华民族的智慧，而古村落的环境营造也起到至关重要的作用。

二、乡村的文化生态意蕴

中国乡村环境不仅受到环境的制约，而且受到宗法观念、宗族礼制、民间风俗及文化心理等多重因素的交叉影响，形成一个多维复合、关系复杂交错的多元文化空间。

（一）风水氤氲

风水是中国民间传统的文化现象，也是一种历久不衰的民俗，应用于村落选址、民宅择基、室内布置等方面，是中国传统哲学、道德、心理、生态、美学、建筑等学科的混合体。从历史角度研究，风水学说孕育于先秦时期，盛行于宋代，泛滥于明清。风水观是祖先在社会实践中产生与总结的知识，是一项十分珍贵的非物质文化遗产。纵观中国古村落，民居、祠堂、家庙、风水林、古墓群，随处可见风水观。从桥山黄帝陵选址理念，到几千年前的《周礼·考记》《诗经·大雅·公刘》的聚落法则，从宋代的《营造法式》到《清式营造则例》及历代专司建设的工部的规约等，都是风水观实际应用的例证。

从古至今，人类一直把选址定居作为安居乐业的头等大事来对待。关于村寨选址，各个村寨都有自己的美丽传说，都是为了解开民众内心精神追求的情结。

（二）信仰为重

村落就是一个小型社会，社会就需要一个合理化的体制来维系村民之间的关系，村落宗法制度应运而生。从新石器时代的半坡村遗址发掘可以发现，部落中间是一个大屋，是部落的神圣空间，周围有小房子环绕，这就是中国原始古朴的村落营造理念，而这个理念在几千年后的客家圆形土楼内还有遗存。古籍中有"君子将营宫室，宗庙为先，厩库为次，居室为后"，可见，以家族社会为主形成的村落中心就是表现祖先崇拜的神圣空间。

（三）家族聚落

中国传统社会是一个以血缘关系为纽带的家族社会，地缘不过是血缘的投影。中国古代村落主要是以血缘关系为纽带、以宗族制为基础而形成的，因此许多村落从起源到布局均表现出较强的宗族性。在传统中国社会中儒家思想盛行，村落规划强调布局整齐、形式划一、主次分明的秩序美感。受宋明理学影响的宗族村落，更凸显中庸和谐的伦理秩序与社会关系。中国传统村落民居一般可按活动空间的功能划分为堂、庭、院、廊、厢、室等，活动空间有着明确的界定，堂、庭、院、廊多是家族或家庭公共活动空间，而厢房、内室则是家庭内部活动范围，厢房、内室还有等级层次划分。在许多古村落，各家族的堂、廊、庭可以连通，成为可开可合的空间，而家庭内的堂屋、上房、正房、厢房、女儿楼则有着明确的划分，强化着民居空间的文化次序。

第二节　传统村落的保护与发展

现在有关传统村落的讨论层出不穷。到目前为止，学术界对于传统村落的性质、概念和定义的认知有很多值得借鉴的地方。比如，有学者认为，传统村落文化景观是自然与人类长期相互作用的共同作品，是人类活动创造的并包括人类活动在内的文化景观的重要类型，体现了乡村社会及族群所拥有的多样的生存智慧，折射了人类和自然之间的内在联系，区别于人类有意设计的人工景观和鲜有人类改造印记的自然景观，是农业文明的结晶和见证。村落文化景观展现了人类与自然和谐相处的生活方式，记录着丰富的历史文化信息，保存着民间传统文化精髓，是人类社会文明进程中宝贵的文化遗产。村落文化景观所蕴含的自然和文化多样性是未来理想生活的活力源泉，具有重要的文化象征意义。

近年来，人们提出的生态文明建设，以及在生态文明视角下看传统村落，其中指的不只是自然生态，更是文化生态。生态文明是在城市化背景下人们对自然、文化、人类遗产的重新审视，是一种关系范畴。正如相关学者提到的，如果仍将村落视作经济资源，仍囿于当初的认识，没有任何超越，算不得生态文明。现在已有很多组织和机构在管理、关注、讨论传统村落保护问题，但传统村落本来就很脆弱，干预越强，破坏越多。在这种情况下，传统村落保护不仅是资金的问题、技术的问题，更主要的是机制、制度建设的问题，是关于新农村建设、农村政策的问题。有些问题如果不做出改变，传统村落最终是无法实现很好保护的。传统村落是农业文明的结晶，它跟土地是分不开的。比如，贵州提出来的湄潭经验，即虚化集体所有权，实化个人使用权，增人不增地，减人不减地，长期保持农村的稳定。我们做传统村落的保护工作，如果不在政策、制度包括城乡制度设计方面发声，是无法对传统村落实行保护的。

现在乡村问题是一个社会性的问题，也是经济性的问题。很多时候我们更关注乡村建造，更多地关注于物质本体，但与物质本体相连的历史的、社会的、文化的要素也不可避免地需要我们进行考虑。

一、商业的扶持

冯骥才，除了是作家、艺术家之外，还是"中国传统村落保护第一人"。年过古稀的冯骥才常年为中国濒临消失的古村落奔走疾呼，在媒体及公众面前谈论的也总是古村落保护。"2000年全国有360万个古村落，2010年是270万个，十年就消失了90万个，现在的自然村只有200万个左右。""中国1300多项国家级非物质文化遗产绝大多数都在这些古村落里，少数民族的非物质文化遗产更是全部都在村落中。"在冯骥才看来，中国古村落的价值绝不小于万里长城，抢救古村落就是和时间赛跑。

2012年，受到冯骥才的影响，住房和城乡建设部（以下简称"住建部"）牵头成立了中国传统村落保护发展专家指导委员会，邀请冯骥才担任主任委员，同时住建部会同文化部（今文化和旅游部）、国家文物局、财政部共同下发了《关于开展传统村落调查的通知》。截至2019年6月底，这四部局已经开展了五批次的中国传统村落评选。相比更为知名的"中国历史文化名村"，中国传统村落的数量似乎要多得多，但相关保护性法律法规的缺失以及中央财政资金投入的匮乏，使这些传统村落的保护依然面临巨大的挑战。

2015年11月，首届中国古村大会在乌镇举行。大会集聚了传统村落保护行业的一批专家、学者与实践人群。国内建筑保护界的学术泰斗、同济大学教授阮仪三是大会的总顾问，在他的身边围绕着乌镇总规划师陈向宏、北京大学教授吴必虎、清华大学建筑学院副教授罗德胤、乡建专家孙君等。首届古村大会落地乌镇，正是看中了乌镇在传统村落保护与活化方面的经验与成就。

随着逆城镇化进程的到来，我们不难发现，最早认识到乡土建筑价值的往往是一些具有前瞻性的商业性景区，而乌镇就是其中的佼佼者。相比于长三角地区的一些先行者，如周庄、西塘等古镇，乌镇算是一个后起之秀。据阮仪三的回忆，1998年乌镇邀请他进行整体保护与旅游规划，那时的周庄旅游开发已近10年，而西塘也已经有5年，这些将传统乡土建筑保护起来，植入旅游业态的古镇接连取得了商业上的成功，这让后来者信心高涨。乌镇在阮仪三的指引下，坚持"整旧如故、以存其真"的原则，使用旧料修复老房子，除了未整治的老房子采用了旧材料，就连已经修好的也不惜拆掉重做，以保持老旧的感觉。陈向宏首先把目光投向了茅盾故居所在的东栅，与西塘等古镇不同的是，陈向宏大胆地对整个东栅进行整体改造，河道整治、管线下埋，他顶住巨大的压力将那些影响整体风貌的混凝土新建筑全部拆除。事实证明，他的大胆为乌镇带来了新生。东栅2000年开门迎客，1亿元的前期投资仅用了3年时间就全部收回。在东栅获得成功的陈向宏信心爆棚，在之后的西栅的开发中，他更为大胆地使用旧料建造仿古建筑。在他看来，长三角旅游已进入度假时代，而乌镇将在一干古镇中后来居上，西栅在商业上的成功将乌镇推向了另一个高峰。不过，围绕仿古建筑的争议让陈向宏颇为头疼，在历史文化街区内新建仿古建筑，即使使用旧料也与历史文化街区提倡的"去伪存真"的原则南辕北辙，甚至有人引用美国影片《楚门的世界》来批评西栅，指出其不过是某种虚假的繁荣与存在。尽管存在这样或那样的争论，但传统乡土建筑的回归让人逐步意识到其在商业上的巨大价值。在钢筋混凝土世界中获得短暂现代性满足的人群，仿佛又一致性地调转身姿，渴望回归传统与田园，在自然与乡土环境中找寻遗失已久的乡愁。在西栅开发中投资的中青旅无疑是乌镇商业成功最大的受益者。2007年，中青旅以3.55亿元收购乌镇景区60%的股份。2014年，中青旅乌镇的当年净利润就达到了3.11亿元，对于乌镇的投资给这家上市公司带来了90%以上的净利润。

尝到甜头的中青旅联合陈向宏，把乌镇模式复制到了北京郊外的古北水镇。对于前些年在密云水库旁烤根玉米肠就算是乡村旅游的北京市民来说，古色古香的古北水镇无疑是一场不能错过的盛宴。2014年，古北水镇开业，当年实现营业收入1.97亿元，2016年营业收入突破7亿元。在司马台长城下，这个犹如"天外飞仙"一般降临的古镇，将"用旧料建仿古"的模式做到了极致，以至于很多反对仿古建筑的古建筑专家都对其赞不绝口。将古建筑复制做到极致的古北水镇以水为魂（图2-2-1），与商业保持距离，甚至抗拒商业往往是历史文化保护的一种天然态度与选择。很多历史记忆往往在商业的功利性面前遭受挫折，然而很多时候，商业反过来也能成为促进保护与传承的催化剂。

图2-2-1 古北水镇

莫干山也许就是一个很好的案例。在南非人高天成从莫干山老房子中汲取灵感，接连创办了裸心乡与裸心谷之前，很少有人会想到莫干山半山腰上的老房子能这么值钱。这个精明的外国商人敏感地抓住了这个千载难逢的机会，在莫干山引爆了一场汹涌的民宿热潮。这股热潮裹挟着城市人群对田园乡愁的渴望，将乡土建筑的价值从历史的深处重新拉拽了出来。2006年，莫干山一栋土屋的年租金只有1万元左右，而这个价格在十年后的2016年翻了十倍。虽然价格高企，然而莫干山的民宿经营者依然赚得盆满钵满。2012年，《纽约时报》把莫干山推荐为"全球最值得一去的45个地方"之一，把莫干山现象推向了高潮，这些半山腰上的老房子在度假的商业浪潮下重新焕发出魅力。

二、情怀的辅助

如果说特定区域的乡土建筑价值能在商业的扶持中提升，那么总有一部分无法受益于大规模的资本下乡，它们就需要情怀的辅助。

钱小华是中国著名书店先锋书店的创始人，他一手创办的先锋书店曾经被美国有线电视新闻网评为"中国最美书店"，先锋书店亦成为南京重要的文化地标与名片。在朋友眼里，钱小华是一个"理想主义者与偏执狂"，因为他拒绝与商业为伍，他坦言"内心是和商业决裂的"。

　　2008年，在互联网的冲击下，众多民营书店倒闭，先锋书店亏损高达上千万，钱小华下乡来到黄山市黟县的碧山村思考出路。碧山村山高田广、阡陌如绣，白墙黑瓦鳞次栉比。在这个幽静秀气的小山村里，钱小华的艺术家朋友欧宁等人发起了乡村重建的"碧山计划"。钱小华受到情怀的感染、朋友的鼓动，决心在碧山村开设一家先锋书店乡村店。在偏僻的乡村开设书店，这是个疯狂的想法，不过钱小华并不这么看："我是一个理想主义者，但从没有离开现实主义，理想主义就一定失败吗?在城里开书店是商业，在乡村开书店是事业。"

　　2014年，碧山书局开门迎客，这是由一座拥有两百年历史的祠堂改建而成的书店，典型的徽派建筑，斑驳的带有历史感的外墙，原样保留的内部结构以及郁郁葱葱的绿植与花卉，加上琳琅满目的各类文艺书籍，让远道而来的客人为之沉醉。为了平衡资金，碧山书局推出文创产品，一旁同时开业的猪圈咖啡馆让书店的盈利能力上了一个台阶。运营两年后的碧山书局，终于实现了盈利，其中图书销售占到了收入的35%～55%，其余收入来自徽州地图明信片、文创产品以及咖啡等饮品的销售。

　　碧山书局打开了钱小华的"乡村乌托邦"的版图，在接下来的几年里，他接连在浙江杭州市桐庐县莪山畲族乡戴家山村和丽水市松阳县四都乡陈家铺村开设了第二、第三家乡村店。钱小华邀请了建筑师好友南京大学教授张雷担任桐庐先锋云夕书店的设计师。张雷认为，中国几千年的传统根基在农业文明，真正属于中国的传统文化建筑在于以"没有建筑师的建筑"为主体的乡土聚落，在于有机整体的城乡关系，以及持续数千年的延续发展模式，一种处于文化自觉的地域性。这几年，张雷的设计触角开始伸向乡村，他牵头成立了南京大学可持续乡土建筑研究中心，很多时间都待在乡村，在他看来"乡土已经是他全新的战场"。张雷在莪山乡留下了五个不同类型的乡土建造项目，包括民宿、酒店、博物馆、普通民宅，还有钱小华的先锋云夕书店。书店的主体是村庄主街旁的一个闲置小院，包括两栋黄泥土坯房屋和一个突出坡地的平台，设计方案基本保留了房屋和院落原有的建筑结构和空间秩序。土坯墙、瓦屋顶、老屋架等承载着时间与记忆的元素成为空间的主导，连同功能再生的公共性，共同营造出文脉延续的当代乡村美学。钱小华毫不掩饰他对这些乡村书店的喜爱，这个"大地上的异乡者"仿佛在中国传统乡土建筑中为自己柔软的心找到了舒适的壳。他坦言，尽管这两年城市实体书店因为政策扶持有回暖的迹象，很多城市空间都邀请他回归，但他决心把乡村书店的事业继续推向前进。他认为，乡村书店根本不可能有什么大的回报，支撑着他前行的，不是商业，不是利润，而是书店的实践之路。是为了民生，为了启蒙，为了乡村的文化复兴，这是作为文化人的使命担当。

东梓关村是浙江省杭州市富阳区富春江边的一个安然恬静的古村落，富阳籍作家郁达夫曾在这里留下一篇题为《东梓关》的短篇，"东梓关在富春江的东岸，钱塘江到富阳而一折，自此而上，为富春江，东西的江流变成了南北的向道……"郁达夫笔下的东梓关是一个恬静、悠闲、安然、自足的江边小镇，岸边有轮船码头，因为航运带来的繁华，池塘边的青石板小街上店铺林立，船家商旅、贩夫走卒络绎不绝。如今的东梓关村遗留近百座明清古建筑，还有不少颇具价值的历史古迹。然而，将东梓关村推上"网红村"位置的并不是郁达夫或是这些古建筑遗迹，而是村里新建的一片"杭派民居"。

"杭派民居"的设计师孟凡浩曾是南京大学教授张雷的学生，他坦言民居的设计受到了画家吴冠中的影响。吴冠中笔下的水墨江南，白屋连绵，黛瓦参差，缕缕炊烟，三两飞鸟，是很多人回不去的故乡，而孟凡浩将吴冠中的水墨画在东梓关村还原了出来。东梓关村有不少居民住在年久失修的历史建筑中，居住环境非常简陋。为了改善居民的住房条件，同时保护村落原有风貌，村里决定新建拆迁安置房。孟凡浩提出，新建的片区必须和老村子融合在一起，形成有机自然的形态。这里的水系、古樟树、老房子应有尽有，只需激活。不打破村庄固有的风貌和村民的习惯，才是对生活方式最好的尊重。历经两年的实地调研，反复修改方案以及三次村民大会，最终设计方案成功出炉。

孟凡浩在寻找一种介于传统老宅和现代城市化居住模式之间的状态，现代的设计语言抽象出连绵的屋顶线条，神似吴冠中作品中的屋檐线。在材料上，民居采用更为经济的砖混结构，配以白涂料、灰面砖和仿木纹金属格栅，大大降低了建筑造价。在功能上，为了方便村民的生产与生活，这些独栋别墅都有三个小院，前院放置自行车、农具等，侧院放置柴火和杂物，南院则用来绿化与休闲。最终，一个既符合居民生活需求，又能与老村和谐共生的新水墨江南画卷变为现实。东梓关村以每平方米1370元的成本价为村民代建，每栋价格在40万元左右，同时投入了1300多万元进行绿化景观、道路、网络等配套设施建设。

2016年，住建部公布第二批田园建筑优秀实例名单，东梓关村"杭派民居"获评二等优秀实例。2017年，孟凡浩和他的团队更是凭借此项目一举夺得建筑界最具影响力的设计类奖项之一"Architizer A+Awards"最佳评审大奖。除了频频获奖，东梓关村居民的"用脚投票"或许是对设计团队更大的肯定，不少在外打工的村民在听说漂亮的回迁房落地之后，纷纷选择返乡创业。在富阳打工的朱勇杰返乡开起了茶室，配上几间卧房，稍微收拾一番，一间漂亮的民宿就成型了。2017年春节期间，朱勇杰在网上晒出了几张民宿的照片，瞬间就引爆了朋友圈。

富裕的长三角地区较早地意识到传统乡土建筑的价值，然而这片土地也是最早遭受建筑风貌破坏的区域之一。巴洛克风格、美式田园风格、伊比利亚风格、地中海风格、东欧城堡风格等来自世界各地的建筑风格曾经犹如一锅大杂烩在江浙地区的乡村汇聚，在江南秀美的山水之间汇聚，令人啼笑皆非。

学术界越来越多的共识显示，传统村落的复兴、乡土建筑的保护，除了要在法律法规、体制机制、配套资金、支撑技术等方面全面完善与提升之外，向村民普及保护观念越来越成为核心与源头。向村民做宣传是必要的，但效果往往一般，只有通过一定的资源整合，建立起一批示范村或者示范点，让村民切实地体会到传统风貌、乡土建筑带来的实在价值，才能从根本上改变村民的观念，最终提升保护的效果。

第三节　人文精神的保持与重建

乡村之所以叫乡村，是因为它是和土地、山川联系在一起的。没有土地、农业、生产的支撑就无法形成村落，至少无法形成传统意义上的村落。传统意义上的村落也不仅仅指其建筑，更多的是指在这一地域中生活着的人群、存在着的文化和习俗，是有灵魂的。因此，我们更愿意对其人文精神的保持与重建进行表述。这对于传统村落文化保护具有十分重要的意义。

学术界使用比较多的是"古村落""古建筑群（全国重点文物保护单位）""民族古寨"及"乡土建筑"等概念。对于乡村研究而言，这些概念过多地强调了物质层面的内容，没有考虑到人和环境，更没有考虑到社区的发展，很难全面反映乡村文化遗产的丰富内涵。对于乡村文化遗产来说，传统民风、民俗中人文精神的保持与重建也是非常重要的。

乡村文化遗产的保护工作应该重视人与自然，重视整体保护，重视延续和发展的方法论。我们始终认为，人是文化遗产保护中的灵魂。也就是说，在乡村文化遗产的构成中，当地村民是最为重要的因素，他们是乡村文化发展的动力和源泉，只有涵盖村民而进行的乡村文化遗产保护才是有价值的、可实施的。乡村的可持续发展需以综合协同的观点，以人为核心去探索可持续发展的本源和演化规律，以便建立有序的人与环境、人与人关系的和谐统一。对于乡村文化遗产中传统民风、民俗的保护与传承，我们认为有两个方面需要引起重视。一方面，要形成一个基本的保护理念和原则，在尊重人文环境的前提下确立保护的方向。例如，中国传统乡土建筑大多以土木结构为主，我们是保护乡村的整体风格还是保护建筑形制。我们必须认清哪些是需要重点保护的，哪些是可以放弃的。另一方面，根据中国乡村的特点和地域性，逐步建立一套适宜的保护方法，其中应包括长期目标、短期目标和应急机制。这些都需要经验的积累。中国地域辽阔，自然环境差异大，我们需从具体实践中总结出一套符合中国实际情况的保护方法。

今天，乡村文化遗产的保护具有保护民族文化和消除地区贫困的双重任务，我们在实践中应该将其视为独特的发展资源进行正确认知和合理利用。总而言之，乡村文化遗产有历史、审美、文化、社会等多方面的价值，形成了丰富的景观形态，保存了传统的生存智慧，承载了宝贵的集体记忆。乡村文化遗产是农业文明持续进化的结晶，是乡村社会的智慧沉淀，是区域发展的活力源泉。保护和传承乡村文化遗产不仅是对历史的梳理，其对于当代和未来的社会发展同样具有深刻而朴素的启示和指导意义。对于乡村文化遗产保护来说，如何保证人文精神的保持和重建工作落到实处是我们应该重点思考的问题。

一、生态博物馆建立的背景

"生态博物馆"理念诞生于20世纪70年代，由法国的博物馆学家乔治·亨利·里维埃提出，雨果·戴瓦兰践行。这一理念于20世纪80年代传入中国，20世纪90年代中后期开始在国内践行。通过生态博物馆对传统乡村中的人文精神进行保持与重建是乡村文化遗产保护的十分重要的一个途径。我们首先结合国内外的生态博物馆的案例来探讨一下生态博物馆的意义。

（一）生态博物馆在国内外兴起

1.生态博物馆的源起

20世纪70年代，法国博物馆学家里维埃和戴瓦兰共同推动了一项"反思传统博物馆"的文化运动。里维埃在1971年国际博物馆协会第九次大会上提出了"生态博物馆"的理念来支撑和界定这一运动，强调人们的生产、生活与环境的关联性，反映出一种整体"生态保育"的主张。生态博物馆在法国兴起后，其理念与实践也在法国被推动，被认为世界上第一座真正意义上的生态博物馆——法国克勒索蒙特索煤矿生态博物馆就是在此背景下诞生的，从此开启了博物馆的

"地方时代"（图2-3-1）。

图2-3-1　法国克勒索蒙特索煤矿生态博物馆

2. "生态博物馆"传入中国

"生态博物馆"这一理念之后传入中国。1986年开始，在《中国博物馆》等学术期刊上开始出现有关国外生态博物馆的理念、经验及我国学者对生态博物馆的讨论的文章。之后，两位生态博物馆学家的相遇启动了生态博物馆在中国的实践。1995年，我国首次在贵州启动了生态博物馆建设项目，后来发展为中挪文化合作项目。挪威开发合作署与中国博物馆学会签订《关于中国贵州省梭戛生态博物馆的协议》。在双方的共同推动下，于1998年建成中国第一座生态博物馆——梭戛苗族生态博物馆。受此影响，2000年以后，我国广西、内蒙古、陕西等地先后建立起了各自区域内的生态博物馆。

（二）生态博物馆的实例

1.贵州生态博物馆群的建设

作为中挪文化交流项目的延续，在梭戛苗族生态博物馆建成之后，由挪威博物馆学专家达格·梅克勒伯斯特起草的《六枝原则》成为贵州生态博物馆建设所遵循的工作准则。在2005年以前，贵州先后建成了镇山、隆里、堂安等生态博物馆群，分别代表了布依族、汉族和侗族等不同的文化。这一批贵州生态博物馆群的建设也是中国最早的生态博物馆本土化实践，代表了生态博物馆在中国发展的早期模式——政府主导、专家指导、村民参与。

以国情为出发点，生态博物馆不仅是一种新兴的博物馆类型，更逐渐演变为村落保护的重要方法，其理念在原有基础上不断拓展，在实践中不断前行，在对于传统村落中人文精神的保持和重建方面有着十分重要的作用。在国内生态博物馆不断探索的背景下，首家民办生态博物馆——地扪侗族人文生态博物馆（以下简称"地扪生态博物馆"）于2005年在贵州省黎平县地扪村宣布正式开馆。

2.地扪生态博物馆的建成

在国内外生态博物馆兴起及多重因素的影响下，国内首家民办生态博物馆——地扪生态博物馆在2005年初开馆。多年来，诸多合理的、不合理的问题不断抛向地扪生态博物馆，引发社会争议，地扪生态博物馆的发展也在实践中、对争议的应对中不断升级。发展比建立难，坚持比发展难，地扪生态博物馆作为国内首家以民间资本建立的生态博物馆，其探索对于生态博物馆的发展而言似乎也只是刚有了一个开端，未来的发展仍旧任重道远。从当前来看，地扪生态博物馆只能算是一个探路先锋，至于结果如何，尚未可知。

二、地扪生态博物馆对于人文精神的保持与重建

（一）地扪人文精神的保持

地扪生态博物馆的诞生和一次音乐探寻之旅相关。地扪生态博物馆的早期资助者中国西部文化生态工作室（以下称"顾问机构"）于2002年受两位美国音乐家的委托，开始在中国西南部的少数民族地区寻找"原生态音乐"，而该项目的负责人就是之后担任地扪生态博物馆首任馆长的任和昕。在有关方面的大力支持下，音乐的采风、调研、录制都很顺利，完成的音乐专辑也在美国得到了较高的评价，使不少人对贵州村落产生了很多音乐之外的美好向往与遐思。时值国内实施西部大开发战略，顾问机构敏锐地察觉西部地区潜在的发展资源：一是以矿产为代表的地下资源，二是以旅游为代表的地上资源。乡村旅游的可持续发展走进顾问机构的视野，顾问机构调整研究方向，打算将乡村可持续旅游拓展为其未来的新业务，主要从旅游角度提供有关村落保护、文化传承等方面的咨询服务。相较于国内当时流行的大众旅游，可持续旅游具有对人文自然资源破坏小、可持续、附加值高等优势。2003年，顾问机构代表任和昕与黎平县人民政府相关领导在广州的一次会议中相遇，就原生态音乐专辑以及由此引发的对西部大开发战略的思考进行了深入交流。几次交流下来，顾问机构与黎平县人民政府一拍即合，于当年签订了为期30年的顾问协议，商定在县里成立顾问办公室，由顾问机构针对当地的侗族文化提出旅游发展方案和村落保护方案。顾问机构带领专家走访了

贵州、湖南、广西的上百个村寨，其中以黔东南地区为主。在调研过程中，"生态博物馆"的概念进入顾问机构的视野，他们认为这与"生态旅游"不谋而合，一个涉及保护，另一个涉及发展。

地扪村地处偏远，交通通达度低，村寨本身较为封闭，也因此村内很多传统文化、传统建筑得以很好地保存。在进村考察时，村民夹道欢迎的热情以及茅贡镇党委书记对文化保护、发展的强烈意愿使顾问机构颇受触动，于是地扪村很快成为不二之选。地扪生态博物馆的设计几易其稿，并在建造过程中不断调整，于2004年年底竣工，并于2005年1月8日正式开馆。后来，博物馆建筑不断增加，主要有文化长廊（廊桥）、共享办公厅、展厅、专家工作站点、档案馆等。这些文化长廊（廊桥）、共享办公厅、展厅、专家工作站点、档案馆对于当地人文精神的保持起到了巨大的作用。

（二）地扪生态博物馆的发展

生态博物馆首先在国外兴起，但是国外生态博物馆近年来的发展却不容乐观。国内很多早期建成的生态博物馆面临同样的问题，甚至一些在主体建筑建完后就没有再开展其他工作，陷入了还没开始就已经结束的尴尬境地。对于地扪生态博物馆而言，扎根地扪村的过程也是在不断的试错中探索前行，最终发展成为中国生态博物馆标准的制定者。

1.不断追问谁是文化的主人

地扪生态博物馆落地、扎根黎平县地扪村，得到了黎平县人民政府的支持，从投资、开发的角度来看，这对当地的发展会起到一定的积极作用。但是，地扪生态博物馆作为博物馆却一直没有得到有关文化部门的认可，文化部门对其机构目的性一直存有一定疑虑。

在不断思索与探寻中，生态博物馆的馆长任和昕认为，生态博物馆的《六枝原则》的核心要义是，当地人创造了自己的文化，当地人是文化的主人。到今天，不论是从博物馆角度还是从政府角度，大家依旧在追问，到底谁是文化的主人？这同时是文化遗产保护工作者要回答的问题。地扪生态博物馆在实践中不断追问与探讨这一问题，最终认为，还是应该回到中国生态博物馆建立之初的《六枝原则》，那就是，文化的创造主体——村民才是文化的主人，文化的发展方向也应由它们的主人——村民自己决定。这也成为地扪生态博物馆发展道路上的核心标准。

由此可以看出，生态博物馆最重要的是对于人文精神的保持与重建，这对于一个传统村落文化的发展是至关重要的。

2.记录、参与、发展、探索

（1）核心任务：记录地扪当代史

相较于发展而言，目前对于生态博物馆来说记录才是其核心工作内容。任和昕馆长常把地扪生态博物馆比作一座庙，他认为记录、存储当地档案正是这座庙里的"和尚"需要念的"经文"。故此，社区档案馆（数字信息中心）成为近年来地扪生态博物馆主要建设的内容之一，是村民自己的"文化记忆空间"，记录着村民的生活，同时也是发现、重估、输出乡村价值的基础所在。从2003年选点开始，地扪生态博物馆就开始对地扪村进行全面调查，之后调查一直持续不断，目前搜集的资料存储量已经达到500兆字节，以视频、照片为主。记录工作最早从拍摄、录制当地建筑和村民的生活开始，后来主要通过馆校合作的方式进行资料搜集。香港城市大学之前在当地搜集了大量资料，以村民口述历史为主，内容涵盖广泛，涉及村中不同人群，如寨老、工匠等，当时采访的许多老人现在已经去世了。记录是生态博物馆的核心工作，但为了记录而记录，很快就出现了问题。馆方发现，资料虽然丰富广泛，却既冗且杂，一直以来只是收集，从未系统整理、妥善利用。面对庞杂的资料，没有索引，让人无从下手。这只是方法的问题，并不能否定持续记录的重要性。因为侗语没有文字，所以村落的历史很难从实考证，那么记录现在及未来村落的发展过程成为地扪生态博物馆的核心任务，这是一件只有开始没有结束的事情。在十几年的尝试中，地扪生态博物馆也在不断摸索、优化记录手段与方法，信息数据库、公共档案、家庭档案、口传历史、入户调查等多种记录方法和呈现方式应运而生，收集资料后再整理类目，构建索引，以避免再步前尘。

目前，地扪生态博物馆社区档案馆（数字信息中心）主要记录、存储家庭档案（家庭信息资料、大事记录）和公共档案（地扪生态博物馆档案、村寨档案、学校档案、村委会档案及访客档案）。家庭档案以户为单位，形成730户（2018年数据）档案，每一份档案中都包含人口信息、居住信息、经济信息、生产资料信息、文化信息、生活信息。在公共档案方面，一开始，馆方特地聘请了当地一位村民做执行馆长，系统地拍摄、记录村内发生的大事小事，如修房子、嫁女儿等。信息记录虽不甚完整，但也在不断完善，现在已建构起公共档案的索引，并践行着多种记录方式。当下，中国没有一个村子像这样记录了十几年。许多已登记的信息现在看来可能没有明显的作用与意义，但在未来也许会具有极高的研究价值、咨询价值。

　　档案的建立是面向村民、面向社会的记录，是博物馆融入地扪的突破口，也是盘活生态博物馆、发挥社区职能的切入点。记录工作如何有效开展，构建全面、系统的信息数据库，是文化遗产保护、文化研究、规则制定的关键，是生态博物馆需要持续思考、探索解决的问题。

　　（2）进入当地：参与社区服务

　　为了更好地在当地扎根，深度进入当地，地扪生态博物馆的另一项主要工作就是社区服务，包括社区文化传承、社区公共服务及社区产业发展三个部分的实践探索。

　　在社区文化传承方面，成立社区文化传承中心，主要通过馆校合作及馆村合作两种方式参与传统文化的保育、传承工作。例如，博物馆与学校共同建设文化传承活动日，开展乡村文化进课堂、培养地扪少年侗歌队等活动，通过设立博物馆文化传承奖学金的办法鼓励当地学生积极学习、传承自己的文化，并帮助学校从学生中培育当地社区文化解说员。一系列的活动及鼓励措施都是希望带动地扪村的新一代真正认知、认同自己的文化。在馆村合作方面，通过博物馆的家庭手工作坊示范点活化传统手工艺，通过共同举办侗族传统节庆活动传承传统习俗文化。

　　在社区公共服务方面，成立社区公共服务中心，期望通过地扪村寨老联合会、青年联合会、妇女联合会多方社区组织的联动来共同推动社区公共服务的发展。2009年，地扪生态博物馆启动了垃圾清理工作。博物馆购置了三轮车，委托一位村民每隔5天收集、运输一次垃圾，每次补助50元钱。村民开始觉得可以赚钱很开心，但其家属比较反对，其他村民也把他当作笑话来调侃。后来，垃圾清理工作外包，地扪生态博物馆承担50%的清理费用，镇政府出资30%，村民出资20%。根据实际情况，费用比例也在不断调整。地扪生态博物馆还在每一座鼓楼放置了一台电视机和影碟机，用来播放以前拍摄、记录的村民的生活影像，供村民观看。村民十分喜欢，且多次出资，参与村中公共建筑的建设。经过十多年的实践和融入，地扪生态博物馆成为村内的第12个村民小组。地扪村原本有5个自然寨，博物馆成了一个新寨。每逢村内有活动，博物馆就以一个寨子的名义，按照十个人的标准送礼物参加活动。当然，这并不表示地扪生态博物馆真正走入了地扪人心中，隔阂无处不在，对于当地人来讲，博物馆还是"客家"的存在。其对村民的引导，以及参与公共服务的初衷在实践的过程中的收效值得思考。

在社区产业发展方面，当地政府一直都对博物馆能够带动地域经济发展、解决就业、开发产业等赋予极大期望，许多到访者都曾不断追问任和昕馆长地扪生态博物馆如何带动就业、促进地扪村经济发展等问题。任和昕想，为什么没有人问故宫提供了多少个就业岗位，为中国带来了多少GDP？说到底，还是有很多人混淆了生态博物馆的概念，认为它不是博物馆，而是旅游公司，认为其运营更是商业行为，是为营利而存在的。

面对种种误解、质疑及无端的期望，就地扪生态博物馆十几年的运行来看，目前若希望由其带动地域的规模性致富，这对于一个非营利机构来说并不现实。博物馆更多的是建立示范性的手工坊，并在其中充当"研发"的角色，其提供的产品带有研发性、实验性，如通过设立"城乡手拉手"项目测试博物馆研发的产品在城市的销量情况，并将一些测试结果提交出来，促使村民进行生产安排的调整。

（3）生存之道：探索自我运营的路径

当前，地扪生态博物馆的组织架构是，由任和昕担任执行理事长兼馆长，有四位执行理事（其中一位兼任联系馆长）、一位执行馆长、四位副馆长（其中两位分别由村两委代表和学校代表兼职），以后预计还将配备两位部门主管，分别负责博物馆外部资源导入、日常维护、社区工作、文化记录、学术研究与行政财务管理等工作。在建馆之初，任和昕馆长制订的运营管理方案计划八年以后实现当地人的自我运营，就目前的情况来看，这一目标还迟迟未能实现。不过近年来，博物馆许多日常性的工作都逐渐向由当地人担任的副馆长倾斜，理事会成员主要负责资源的导入与相关事务推动的技术支持。地扪生态博物馆作为非营利机构，需要通过自我运营生存下去，但其运营与管理又需要分开，不能混淆。于是，其将运营工作全权委托给创意乡村联盟。目前，创意乡村联盟注册的性质是一般性企业，虽然没有社会企业的概念，但创意乡村联盟（图2-3-2）还是有其社会性的。博物馆的运营交由创意乡村联盟这一专门机构管理，将运营与管理分开，为博物馆做好了增值服务，如科研团队的来访接待、高端旅游定制及工艺品的制作、包装与代售等。

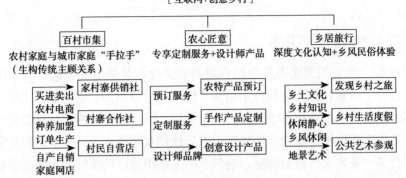

图2-3-2　创意乡村联盟架构

地扪生态博物馆除了践行生态博物馆的理念而成为行业标杆之外，它的运营管理体系也赢得了很多人的赞誉。有专家认为地扪生态博物馆的亮点在于：第一，许多博物馆都是在很有名的乡村贴上"标签"，唯独地扪生态博物馆是因为其本身让大家认识了地扪村，为村寨提高了知名度和关注度；第二，实现了自我运营，可以生存下去；第三，持续按照生态博物馆的理念实践，将记录村寨作为核心工作。

虽然地扪生态博物馆的运营体制在一定程度上实现了博物馆的自我运营，但其多年来的生存状况还是离不开多方的资助。为了更好地持续运营，避免政府、社会资助的不稳定性，地扪生态博物馆还在不断探索自我运营的方式，博物馆的核心工作也需要足够的物质基础来支撑才能顺畅运行。

三、堂安侗族生态博物馆日常工作观察与记录

（一）对外的合作窗口

在对外文化研究、交流与合作方面，2017年，堂安侗族生态博物馆邀请了复旦大学国土与文化资源研究中心、同济大学建筑与城市规划学院等单位的相关负责人、专家学者参加论坛。此外，博物馆还先后接待了日本筑波大学、美国政府考察团等相关人员到访交流。

在传统手工艺的交流与合作方面，生态博物馆推动了苏州工艺美术职业技术学院师生落地堂安的手工培训项目，并组织当地妇女与设计师共同工作，以工带

训，尝试探索传统手工制品生产及销售的可能性。此外，生态博物馆还促成了美国服装设计师将工作室落地堂安，先后完成了一批十套服装的设计及手工制作，参加美国史密森学会的专题展览，以更好地向世人展示、宣传当地的传统手工技艺。

（二）对内的社区服务

2017年，堂安侗族生态博物馆在贵州省文化厅非物质文化遗产保护中心的扶持下进行了村寨社区文化的传承培训，建立了村寨织染、缝绣手工工坊，并推动与苏州工艺美术职业技术学院的进一步合作。通过完善博物馆社区文化中心的设计师工作室的软硬件建设，博物馆组织当地妇女与该校设计专业的师生共同工作，进行了一系列天然蓝染建缸、染色、手工布织造、传统针缝及绣花等技艺的培训。

在侗歌传承方面，博物馆主持组建了四支中年侗歌队，外聘县非物质文化遗产保护办公室侗歌歌师、镇民族文化课堂教师对歌队定期开展侗歌、侗戏培训，每周组织侗歌队进行自发性的演出排练，提高了村民对侗歌、侗戏的演唱热情，提升了侗歌队参加村与村之间的侗歌比赛的演唱水平，组织了村寨幼儿侗歌班，将侗歌培训加入幼儿的日常课程中。

在公共服务方面，生态博物馆在2017年推进了以下几项工作：一是向村两委提供经费支持，用于供水系统管理及其他公共服务工作，并向幼儿园提供经费资助，解决了堂安一些幼儿入园难的问题；二是创建了向公众免费开放的社区图书馆，并积极向社会各界募捐，组织专人做好每日的清洁维护及图书整理工作；三是向公众免费开放社区文化展示中心，通过生态博物馆20周年展介绍堂安的历史、生产和生活，生态博物馆的起源以及在中国的发展变化等；四是建成并开放了位于堂安入口处的访客中心，其中设立了村民寄卖处，帮助村民向游客销售当地的农产品及手工制品；五是建立并管理位于堂安的两个公共卫生间，免费向公众开放；六是积极争取黎平县文广局的支持，与村两委共同策划并组织重要的节庆活动——六月六歌会；七是参与并推动堂安与其他相邻村寨间的互动及侗歌、芦笙交流活动。

与此同时，生态博物馆还积极推动了堂安社区发展。生态博物馆引入创意乡村文化资产运营管理有限公司，帮助建立农产品及手工制品的社区合作社，并通过公开招聘聘请村民作为负责人组织生产管理，下设地方农特产品、织染及缝绣工坊，对外承接各种生产及销售订单，为参与的村民增加了收入。另外，生态博物馆积极地与黎平县政府合作，帮助堂安建立由村民控股的村集体酒店，谋划堂安未来旅游产业的整体发展思路。

（三）堂安生活每日微信推送

在堂安侗族生态博物馆的定位上，它是社区的档案馆，承担着记录社区发展变化的职能。博物馆信息资料中心是承担这一任务的核心机构。2017年再次启动的信息资料中心的工作，确定了以村寨历史、文化遗产名录及社区档案为主的信息资料构成，并为了适应日后不断积累的海量资料而配置了专用的存储设备，整理了过去散落的自建馆以来的相关资料，还开启了新的围绕二十四节气农耕记事主题的信息资料收集工作。

堂安侗族生态博物馆的简介是，堂安侗族生态博物馆致力于堂安侗寨的文化管理和公共服务，构建互动、互信、互联、互助的交流平台。发现乡村价值、尊重乡村价值、输出乡村价值、重拾乡村精神。文化资料的信息化、电子化现在已经成为现实，发达的通信技术使堂安的日常小事可以与世界共享。

堂安侗族生态博物馆公众号每天会推送两类文章来记录、分享发生在堂安的有意思的事情——"日常"和"见闻"。"日常"即每日最寻常的事，以村民的角度记录村寨每天发生的那些村民习以为常的画面。一些声音、一些景物、一些面孔、一些事件，点点滴滴，镌刻下堂安人最真实的生活。"见闻"即所见所闻。生活、工作于堂安的他乡人，前来又离开的过客，一人一个角度，一刻一种情绪，记录下他们眼中堂安的模样。其中，"日常"是由堂安侗寨的村民自己记录的，包括各种大小事务，意在彰显村民对于自己文化的认识。"见闻"则是由生态博物馆信息资料中心的志愿者收集的。在志愿者的镜头下，侗寨生活有着脱去凡尘的美丽，而村民眼中的堂安又显得朴实可爱（图2-3-3）。

图2-3-3　村民制作"三月粑"

堂安生态博物馆公众号坚持记录堂安生活。地扪生态博物馆馆长、贵州省文物局传统村落整体保护利用驻村专家任和昕认为，过去的100年，我们或许不知道村落是怎么过来的，而生态博物馆的任务便是要让人们知道未来的100年村落是如何发展的。生态博物馆在承担这一核心任务的同时向全世界传播、展示。在如今乡村振兴的背景之下，乡村的变化日益加速，相信经过日积月累，堂安侗族生态博物馆将会给人们留下十分珍贵的图文资料。

（四）旅游"内""外"

2018年中央电视台春节联欢晚会黔东南分会场就设在堂安所在的肇兴，受到了全国人民的关注。从2004年开始，随着肇兴的开发，距离较近的堂安旅游业受到影响开始兴起。日益便捷的公路交通和繁忙的贵广高铁给这里带来了源源不断的游客，从全国各地到访的游客已经成为侗寨日常生活的一部分。

据不完全统计，肇兴侗寨景区2017年到访游客数约为20万人，游客游览完肇兴便会被推荐到堂安游览，每天有200～300名游客会选择去堂安游览。去堂安需要乘坐中巴车，往返车费20元。游客被吸引的原因主要是听闻堂安的侗寨风貌相比肇兴留存得更好、更加原始。游客对村寨的原始风貌也比较满意，但是堂安留不住人，虽然游客觉得值得一来，却只会逗留2～3小时。

堂安侗寨原本在外务工的一些青壮年人开始回到堂安建房从事旅游业，一些村外人也看好堂安未来的发展前景，选择在堂安扎根经营。如此，从堂安入口处至堂安侗寨的中心——鼓楼的主干道上便形成了三股寻求发展旅游的力量，包括回归的村民、新进的村外人（这两股力量直接参与了旅游业）和服务于整个堂安侗寨的生态博物馆，后者间接地参与到了当地的旅游业中。

从堂安入口处至堂安侗寨的中心——鼓楼的主干道上分布了中草药店、纪念品商店、小吃店、银饰店与农家旅馆。其中，村民大多经营农家旅馆，除了住宿外均提供餐饮服务，村外人则经营其他类型的商店，其中有来自雷山县控拜村的苗族银匠经营的银饰店、采药人经营的中草药店等。

堂安的农家旅馆一般是家庭共同经营，在旅游旺季客人多得忙不过来的时候也会临时请亲戚帮忙，这也是大多数村民参与旅游接待最主要的形式（图2-3-4）。当然，经营农家旅馆的人大多是村中的"精英"，或是曾经在村委中担任过职位，或是在外务工有所积累。堂安农家旅馆以住农家旅馆、吃农家小菜、体验田园生活为经营项目，打出"同吃、同住、同劳动"的口号。

图2-3-4 堂安的农家旅馆

相较于拥有土地的本地村民而言，村外人一般通过租住村民的房屋经营商店。他们拥有村民相对缺乏的专业技术和进货渠道。很有趣的一个现象是，在堂安侗寨里可以见到苗族服饰、苗族银饰、苗族中草药。以经营银饰的"银缘阁"为例，店老板就是从苗族银匠村——雷山县控拜村学习了制作银饰手艺的非物质文化遗产传承人，在看好堂安的发展后选择在这里经营、生活。而这些村外人之间也有着一定的亲戚或者帮带关系，有着一定的在民族景区从事经营活动的经验，在堂安投入成本不少，也有长期在此经营的打算。村民和村外人以自己的优势各自经营，暂时处于相对融洽的状态。

可以说，在这个过程中堂安侗族生态博物馆几乎处于一个"背景板"的位置。但是不能忘记，堂安侗族生态博物馆项目的落地最早将外界的目光吸引到了这里，并将文化遗产保护的理念引进来，使"原生态能够吸引外界"的思想不断进入村民的脑海中。在商业化和景区化的旅游开发过程中，村民都有了一些保护环境、保护文化的概念，并将这些原生态的概念传播给来到这里的游客。

四、生态博物馆的本土化讨论

堂安侗族生态博物馆有其自身的发展特点。回到生态博物馆中国本土化实践的整体视野中，不同领域的研究者对生态博物馆在中国的发展既有肯定和鼓励，也有批评的声音，国际博物馆学者在这个过程中也十分关注生态博物馆在中国的建设和发展。总结起来，大致有以下几种认识。

第一，生态博物馆的中国本土化必须结合中国的实际才能扎根发展。中国探索生态博物馆本土化的实践经验被总结为"六枝原则"，成为中国建设生态博物馆的基本原则。这也是生态博物馆理念传入中国后边在地实践边总结出来的原则。

第二，生态博物馆的建设没有统一的模式。没有统一的建设模式并不意味着中国生态博物馆的发展缺乏共性，而是既要有各个生态博物馆的个案研究，也要总结出中国生态博物馆的发展共性，为生态博物馆的发展提出一套可供参考的标准，从更广泛的层面推广生态博物馆的理念。一般认为，信息资料中心承担着博物馆运作、展示、研究等诸多功能，因此信息资料中心的建设和运作的成功与否将直接影响到整个生态博物馆的发展成败。信息资料中心的发展建设问题是探索我国生态博物馆发展道路的核心问题之一。生态博物馆是一种理念和方法，可以以不同的形式出现，生态博物馆和文化生态保护区在中国的实践可谓同一语境下的各自表述，即便一些活动没有应用生态博物馆的表述，也可以应用生态博物馆的理念。

第三，生态博物馆是传统博物馆发展的方向之一，两者相辅相成、优势互补。生态博物馆是中国传统博物馆从以城镇为中心转向乡村社区、从专业性转向大众性的尝试中较为现实可行的操作方式，因此生态博物馆建设既是文物保护工作，也是博物馆建设工作。有学者认为，未来社会的生态博物馆必然是对传统博物馆的继承与发展，而不是抛弃，传统博物馆介入生态博物馆并与之结盟是中国生态博物馆的创举。

第四，生态博物馆致力于保护自然与文化、物质与非物质文化遗产。生态博物馆由所在地村民自主自觉地对文化遗产及其所依托的自然环境进行整体性的保护、记录和展示。除关注以物质文化为中心的遗产以外，生态博物馆还注重对非物质文化遗产的保护。生态博物馆的构成要素有：自然与文化、物质与非物质文化遗产、信息资料中心、完整的社区保护和发展规划、村民与村外人的互动和对外活动。

第五，我国在经济落后的乡村地区建设生态博物馆，除了保护文化遗产和自然遗产之外，还要服务于整个地区的经济发展，帮助当地村民提高生活水平。我国最早建立的四座生态博物馆——梭嘎苗族生态博物馆、镇山布依族生态博物馆、隆里古城汉族生态博物馆和堂安侗族生态博物馆都选址于贵州的少数民族村寨，生态博物馆得以依靠着完整的、有特色的传统文化和文化景观带动整个地区的发展，提高村民的生活水平。

第六，从不同的视角对生态博物馆所在地区的变化进行反思。生态博物馆可能在某一个时间段内使地区原有的状态发生了变化，造成了所谓的文化流失，但从长远来看，生态博物馆的形式让村民的日常对外表达得以传递，在"自我"与"他者"之间看到不同，看到自身文化的价值和意义。生态博物馆在地保护的特性决定了生态博物馆在实践中必须要以不同群体、不同文化和环境特点为建设、发展的依据，强调文化遗产保护的核心和村民的文化主体地位。

对比以上六点认识，堂安侗族生态博物馆在未来的建设发展中仍然离不开对当地自然和文化资源的记录、保护和传承展示工作，更关键的在于如何回应肇兴旅游所带来的地区发展问题。两者都离不开可持续机制的建立，需要对人员、资金和组织建设进行统筹规划。从另外一个角度上讲，两者又是相辅相成、互相促进的。只有真正实现地区的发展，让村民共同参与和努力，才能推动形成更加合理的、具有可操作性的文化遗产保护机制。因为生态博物馆区别于其他的单一保护手段，要求更加全面、更加长久、可持续。单一的保护方式往往成为一次性事件，一次性的技术、资金的投入容易成为无源之水，难以为继。而生态博物馆不仅关注文物、文化遗产的实物个体，更关注其所在的环境，关注人在其中的传承和发展。

在这个过程中，需要进一步探讨的是，当生态博物馆作为一种地区发展的工具或方法进行实践的时候，不可避免地会遇到一些问题。例如，堂安一些村民认为生态博物馆的运营也是在做旅游，是在"与民争利"，或者认为博物馆应该带领和组织村民发展旅游，肩负起堂安经济发展的责任。这表明，当生态博物馆的功能边界日益模糊的时候，更应该厘清博物馆和当地政府、村民及社会各界的责权利关系，确定各自的定位，做好责任划分，唯有如此，生态博物馆才能走一条良性发展的道路。

五、建立村史馆

村史馆也是地方性博物馆的一种，保存、记录和展示着地域的历史文化。作为当前政府大力建设的基层文化服务机构，村史馆对于人文精神的保持与重建的作用是尤为显著的，理应受到重视。本书从保护与传承乡村文化遗产，保持与重建人文精神的视角出发，对村史馆应承担的功能及意义进行如下探讨。

（一）村史馆应承担的功能及意义

1.保存、传承集体记忆的信息中心

村史馆，顾名思义，是展示村落历史的文化场所。不论是遥远的传说、祖辈的事迹，还是传统的民族服饰、生老病死的仪式，甚至是村落四季的更替，村史馆都可以记录，如编写或完善地方志、为每家每户建立档案等，并利用数字化技术将这些宝贵的资料进行完整保存，引导村民认识文化遗产正是产生并根植于其祖先与其自身的生产和生活中，使其产生兴趣，同时明确感知自己是乡村文化遗产的主体，从而自发地参与到乡村文化遗产的保护与传承中来。

2.村民参与地区规划和发展的载体

在我国乡村文化遗产的保护和实践过程中，村民往往很少真正参与进来。村史馆不应仅仅被理解为一处将村落历史文化凝固在特定空间内的展示场所，也应被视为一种调节社会结构和社会关系的机制。一方面，在村史馆中可以举办技能培训活动，鼓励村民追求自身及村落的发展；另一方面，利用保留下来的地方资料可以使村民更好地认识其所在地区的文化遗产价值。

在这一过程中，村史馆不仅对村民起着文化上的引导作用，还在社会管理方面逐渐培养村民的参与感。从更长远来看，乡镇一级可以围绕村史馆建设档案室、图书室、活动中心、公共议事场所等文化空间，逐步丰富、完善乡村公共文化服务体系，促进地区发展。

3.与外界沟通交流的平台

村史馆的建设有助于强化当地村民对乡村文化遗产的认同与热爱，同时还可以向更广的范围进行乡村文化遗产的阐释与传播，推动全社会对乡村文化遗产的再发现与再认知。所以，村史馆不仅对内产生着积极的作用，也是外界认识乡村的重要交流平台。在乡村旅游快速发展的形势下，村史馆作为一个窗口，通过对村落的各类资源进行整合，为外界与乡村的互动交流、合作发展提供了对话的平台。

4.乡村振兴的重要抓手

村史馆若想为乡村做一些实事，确保政策和具体措施切实有效，首先就要了解乡村的实际需求和村民的想法。一方面，村史馆作为沟通媒介，既是村民了解自身和表达想法的出口，也是政府管理者了解乡村现实与倾听基层声音的窗口。另一方面，村史馆不仅守护、传承着本土文化，也吸引着外来游客，是村落的一

张名片。所以，村史馆在发挥自身应具备的功能的前提下，不妨放宽视野，与政府各项工作结合起来，从而上升为重要的乡村新景点、新业态。这对于人文精神的保持是十分重要的。

（二）我国村史馆的发展历史与现状

1.我国村史馆的发展历史

我国村史馆建设发端于20世纪60年代。村史馆作为编写村史的附属物，对村落历史及文化的理解与引导都显得刻意与公式化，其本该具备的功能得不到充分发挥。在这之后，人们也并未持续推进村史馆的建设。21世纪以来，随着乡村文化服务与精神文明建设不断强化，以村史馆为代表的乡村文化服务机构再次发展起来，虽然一些地方早已建有诸如反映改革发展、扶贫工作的乡情陈列室，但这些并不是真正意义上的村史馆。近年来，浙江、陕西、广东等省自上而下掀起了兴建村史馆的热潮，也有一些村史馆是由当地村民、农民企业家等群体自发创办的，他们希望留住记忆，让子孙后代了解祖辈的生活。

目前，村史馆一般以地方史为脉络，辅以实物、图片进行展示，展品大多来源于村落征集和村民捐赠。从已建和在建的各类村史馆的名称可以看出，其建设过程也是挖掘、梳理和提炼地方文化特色的过程。无论村史馆的建设主体是谁，其首要目的都是抢救、保护和传承地域文化，避免其走向消亡。

2.我国村史馆的发展现状

我国村史馆的发展历程并不是循序渐进的，建设速度、规模受政策影响较大。我们应该认识到，村史馆不是孤立发展的，而是处于因环境条件变化而不断改变的状态中。目前，我国村史馆的实践呈现出"多地开花"的蓬勃发展势头，但相关的理论研究还远远没有跟上实践的步伐，仍停留在"就建设论建设"的阶段，以实践总结为主，未能从较高的层面上来指导村史馆的规划与发展。以下对我国现有的村史馆按其主要展示内容进行简单的分类及讨论。

（1）展示村落的历史文化

这一类为普遍意义上的村史馆，即按时间顺序展示村落的基本情况和历史脉络，提取典型事件和人物，有的是宏观、完整地记录从古至今的历史发展脉络，有的则是选取局部历史片段。其布展结构也较为传统与典型，即通过图文展板，辅以简单的实物来展示村落的历史故事、民俗文化、发展成就及乡贤名人等。例如，山西省规模最大、投资最多、记载时间跨度最长的长治市南村村史馆，共有九个展厅，从商代灰坑陶片、农耕文明、潞商鼎盛缩影到抗日战争和解放战争，以及中华人民共和国成立后的基层党组织建设活动、改革开放成就等，展示了南村3500多年的演变历程。陕西省延安市油坊坪村村史馆则选取某一时段的历史进行展示，从20世纪的"红色丰碑"到当前的"医疗卫生""特色产业"，聚焦村落几十年来发生的巨大变化。安徽省凤阳县小岗村的大包干纪念馆则聚焦于20世纪"大包干"从酝酿到发生、发展的这段历史。

（2）展示村落独特的主题文化

这类村史馆往往从地域文化中选取最具特色和代表性的部分，挖掘延伸后做专题性的展示，其名称也会随着主题的不同而改变，一般为"××（主题）文化馆"，突出地域文化的鲜明特色。与传统的村史馆不同的是，此类馆舍一般设有相应的体验活动区域，让观众的体验更加丰富。例如，四川省巴中市巴州区和甘肃省庆阳市华池县分别提出了"一村一特色"的要求，按照"一村一品"的思路创建村史馆。安徽省黄山市徽州区富溪乡富溪村村史馆坐落于黄山毛峰的核心产区，村史馆的原址是知名茶叶品牌"谢裕大"创始人谢正安的旧宅，除了常规的展示，还划分出专门的区域作为茶文化的体验区。北京市房山区的石窝村村史馆以汉白玉文化为特色，因石窝村祖祖辈辈、家家户户都以开采、加工汉白玉为生，所以村史馆中心展区展示的全部是开采石料所用的传统工具，而村史馆创建的契机是几十家汉白玉矿因环境问题相继关闭，所以村史馆不仅是对这段历史的记录，也是对未来生态环境的警示。

（3）展示村落的民俗风情

这类村史馆按照不同类别着重展示当地富有特色的民俗文化。在第一类村史馆中，民俗仅是展览的一个单元，本类村史馆则较全面、较生动地展示了当地的民俗风情，甚至还会配合展览开展民俗表演、民俗体验等活动，以实景再现的方式让参观者感受村落文化，希望以此促进当地旅游业的发展，故其受众更多是外来旅游者。例如，江西省上栗县东源乡桥头村民俗文化馆坐落在桥头村何家屋场内，原为何氏宗祠所在。东源乡素有"百万油库"之称，因此该馆的展览以"东源三宝"文化（"茶油洗脑""土鸡当饱""番薯酒洗澡"）为核心，并辅以具有特色的红薯酒酿造、油茶籽榨油及土鸡养殖农事体验活动。馆内的生产工具不再是静态陈列的，而是能让参观者亲手触摸并体验使用的。村民也参与了布展工作——自行设计了场馆内用晒盘拼成的荷花形农耕特色吊灯，十分具有在地性。

（4）展示村落的红色资源

这类村史馆一般依托当地的红色历史资源，为传承革命传统、拓展红色主题而建，且作为当地的党建、爱国主义教育及青少年教育基地，为我国红色记忆、红色档案的挖掘、保护与研究起到了不可忽视的作用。例如，河北省邯郸市在"美丽乡村"建设中把"挖掘红色资源、保护红色记忆"作为重点，在"南下干部之乡"张李庄村建立了姚寨乡南下干部历史展览馆，在小堤村建成平汉战役陈列馆，对中元固村邯郸县政府抗日筹备会旧址进行修复并开办村史馆。三凌村地下革命档案史料馆位于福建省南安市眉山乡最边远的地带，展馆与周边的泉州市华侨革命历史博物馆等形成合力，带动三凌村以红色旅游为突破口发展经济。山东省昌邑市太平集村红色文化村史馆，因展览内容以村里最早的一批党员之一徐迈的先进事迹为主，又被称为徐迈事迹陈列馆，村里每月都会组织党员到馆里进行集体学习。

（三）我国村史馆发展存在的问题与经验总结

1. 存在问题

（1）文化代理模式忽略了村民的主体性

由于我国乡村地区经济发展相对滞后，村民在思想意识、经济能力和社会环境等方面都不足以自主承担乡村文化遗产保护与传承的任务，所以我国村史馆一般采取文化代理的方式——政府领导，专家指导，鼓励、引导村民自觉参与，逐渐推动形成村民主导，最终实现乡村文化自主的目标。但实际上，自上而下的村史馆建设缺乏对村民有温度的关怀与重视，办得如何缺乏当地村民的反馈，主要表现在规划制度和执行上没有积极发动村民参与进来，在展览上常有选择性地呈现历史片段或某一部分的乡村生活，忽略了村民的自我诠释与表达，甚至一些民俗活动沦为旅游项目性质的表演，这反过来使村史馆内的历史讲述、场景再现成为缺少人情味的展示。村民是乡村文化遗产的主体，他们如何看待和表达自己至关重要。因此，村史馆必须关注和研究村民的文化诉求与表达，回到广大村民的日常生活和情感世界中，研究其背后的情感结构和价值观念，这才是村史馆真正需要展示和能够触及人心的内容。

当前，政府及专家学者参与指导的意义在于传递和连接，辅助村民更好地建设家园，将外部的理念与视角引入乡村建设，帮助乡村与城市在更广泛的层面上建立积极、长久的联系与互动。

（2）功能发挥单一，缺乏完善的长效运营机制

在狭义上，村史馆作为博物馆的一种应具有收藏、展览、研究、教育等功能，但因资金、环境、人力等因素限制，大多数村史馆实际上仅发挥了展览这一功能。目前，村史馆一般仅有几名临时性工作人员，由基层干部及当地村民担

任，缺乏相对专业的博物馆工作者，使村史馆无法开展许多应该开展的工作。若长此以往，村史馆将逐渐沦为老旧物品的陈列室，违背了建馆的初衷。造成这一现象的根源就在于在建馆前缺乏科学的论证与长远的规划，盲目建成后又因资金投入不足和缺乏明确的服务标准与绩效考核而难以为继，甚至一些地方还存在片面追求建馆数量、定位不明确、同质化严重，或者强行下达建设指标等建设乱象。而且，就目前来看，我国村史馆的经费来源都比较单一，基本靠政府专项拨款，或由当地企业捐赠。如江西省委宣传部一次性将布展经费下拨各县，部分县主管部门没有设立专项经费，而是分给其他文化事业单位使用。另外，对于资金投入的多少也缺乏科学的指导，大多数村史馆在建成后都由村里负责管理和维护，若无后续资金扶持，村委会也无经济实力承担村史馆的各项费用。

（3）展览内容单调，展示手段单一

村史馆从名称上来看就是展示村落历史的文化场所，但这并不意味着其只是简单记录村落的发展历程。当前村史馆不管是展览内容还是展陈手段都大同小异——狭小的房舍、简陋的陈列柜（架）、锈迹斑斑的展品、寂静的馆区，单一的时间线索、不接地气的展览语言、无地域特色的形式设计、没有互动体验的展陈手段，暴露出村史馆千篇一律的老旧物品陈列、辅以图文展板的办展模式，无法吸引不同的参观者群体。

另外，村史馆一般场地较小，展品多来自村民的日常生活，这本应是村史馆独特的"草根"气质，立足乡村的根本，却因为较为固定、局限的策展思维而成为一种局限，给人一种村史馆都是老套不变的、忠于展示传统习俗的刻板印象。村史馆缺乏对现实问题的关注以及展望未来的历史通感，原因在于其对乡村文化遗产认知不清，以物为核心，限制了展示手段的多样性。而且，因场地规模所限，其忽略了对农作机器、农耕场景、民俗活动、宗教信仰等内容的展示，没有一种宏观的展示理念，忽略了与村内其他文化触媒的联结，从而无法产生更广泛的传播效应。

2.经验总结

（1）规划先行，给予制度上的保障

许多地方把村史馆的建设作为乡村统筹规划及区域文明建设的重要内容，围绕地方村史馆的总体规划、建设原则、建筑选址、文物征集、陈列布展、保障机制等做出了相关规定。这些政策的出台在一定程度上保障了村史馆建设的科学性与可持续发展性，使办馆有据可依，在一定程度上避免了一哄而上、一蹴而就、千篇一律的建设误区。值得一提的是，江西省还为村史馆建设发布了专项课题，设立了村史馆建设研究专项课题的招标，并要求负责人必须为相关领域的专家学者。这一举措有助于提高当地村史馆建设的理论水平，真正做到了理论与实践相结合，也为村史馆的长期发展提供了智力资源与技术支撑。

（2）活用乡土建筑，进行功能置换

我国村史馆往往以不新建场馆为原则，灵活利用古祠堂、古书院、古民居等原有的乡土建筑。乡土建筑是乡村文化遗产的物质空间载体，改造时可结合文物保护的理念、技术，赋予其符合现代需求的新功能。同时，相关部门还可邀请当地的工匠师傅、设计师一同设计村史馆。一些村史馆对地域文化意象进行提炼并将其运用到场馆形式的设计中，既突出了特色，又与村落环境和谐共存，同时也是对乡村文化遗产的活化利用。

（3）建立追踪考核机制，激励村史馆更好地发展

我国村史馆的发展时间不长，尚未形成一套完整的、成熟的管理模式和运营机制，许多地方都是先办馆再总结。其中，一些地方在建馆之初就设立了追踪考核的奖励机制，推动了村史馆的良性、可持续发展。例如，北京市自2013年以来在乡村地区开展了乡情村史陈列室的建设，将其纳入地方公共文化服务设施的范畴，在选址、资金、场地方面给予支持。建馆之前需经过考察评审，建成之后要对乡情村史陈列室进行综合考核，以提升其业务水平。所以，村史馆应在条件允许的情况下设置科学的运营、考核目标，还可组织政府部门、专家学者、社会组织及村民代表成立监督委员会，争取制定一套完善的咨询、指导、协调、监督和管理考核机制，这样就可以在村史馆的发展过程中及时发现问题并进行处理。

村史馆在乡村文化遗产的保护与传承中发挥着日益重要的作用，尤其是对于人文精神的保持和重建有着至关重要的意义。更多村史馆扎根村落，不再仅仅着眼于"史"的回溯，而是把握当下、回顾过去、展望未来，关注现实问题，甚至逐渐成为村民参与活动的重要载体，以服务村民而非游客为宗旨，逐步探索乡村文化遗产保护与传承，以及乡村文化发展的新模式。

基于乡村文化遗产保护与传承视角下的村史馆应与村民紧密结合，同时若能发挥自身功能优势，在一定程度上可避免乡村封闭性发展引发的新的社会隔阂，使村民不再认为乡村的文化和生活是"落后"的，从而构建集体认同感，增强在地文化自豪感。这样，村民才会坚定地自觉保护好身边的乡村文化遗产。这也是村史馆对于乡村最理想的也是最根本的存在意义——推动村民的"文化自觉"（生活在一定文化历史圈内的人对其文化有自知之明，并对其发展历程和未来有充分认识），让乡村和村民自我觉醒、自我认知、自我审视、自我发展。

第三章　精神家园：非遗保护是乡村振兴的重要抓手

　　本章对于乡村非物质文化遗产（简称"非遗"）的保护与传承进行了分析，主要从乡村非遗的种类与活态传承、乡村非遗是中华民族的底色、乡村非遗传承的愿景与困境这几方面展开。

第一节　乡村非遗的种类与活态传承

一、非遗保护研究综述

　　国外非遗研究工作起步较早，研究成果较丰富，理论研究比较成熟，为我国非遗研究提供了一定的经验。日本、法国、美国、德国等发达国家，在联合国教科文组织通过《保护民间创作建议案》之前，已经对本国的非物质文化遗产保护制定了相应的政策。虽然我国非遗研究起步晚，但是通过自身努力和适度吸收国外先进的符合我国研究实际的经验，我国的非遗保护和研究工作发展迅速。

　　联合国教科文组织在2003年通过了《保护非物质文化遗产公约》（以下简称《公约》），并对非遗进行了定义。我国于2004年加入《公约》。2005年，我国颁布了《国务院办公厅关于加强我国非物质文化遗产保护工作的意见》（以下简称《意见》），结合我国国情，对非物质文化遗产进行定义。2005年，为强调非遗保护工作的重要性，我国颁布《国务院关于加强文化遗产保护的通知》（以下简称《通知》），并提出设立"文化遗产日"，决定从2006年起将每年6月的第二个星期六定为我国的"文化遗产日"。2006年6月，经国务院批准，文化部（今文化和旅游部）公布了第一批国家级非遗名录，首次举办了"文化遗产日"非遗文化展演活动。此后为了非遗保护工作更加规范化和科学化，我国不断进行探索。2011年，我国出台《中华人民共和国非物质文化遗产法》，通过立法推动非遗保护和研究工作，促进了非遗保护法制化时代到来。为了保护人类文化的多样性，非遗研究是国内外文化领域研究的热点之一，目前国内外学者都有比较深入的研究。国外学者很重视非遗保护和管理途径的研究。有学者强调了非遗保护的重要性，认为非遗必须被重视，非遗保护必须制度化、合理规划并且严格遵守相关制度。也有学者提出通过物质载体展现非遗价值的可行性，认为博物馆展示是非遗资源开发成旅游资源的有效途径，也是提高民众非遗保护意识的重要手段。从国外学者研究的内容来看，国外非遗研究主要集中在非遗的概念以及加强民众保护意识和研究保护途径等方面。

我国对非遗的研究前期也跟国外学者一样主要集中在非遗的概念和保护措施方面，大多数学者研究的方法都是从宏观层面对非遗保护进行讨论与研究。刘魁立在其论文《非物质文化遗产及其保护的整体性原则》中指出，从宏观的角度把握非遗的发展动向，在保护和抢救过程中，应贯穿整体性原则。苑利、顾军在《非物质文化遗产保护的十项基本原则》中提出了非遗保护的十项基本原则。王文章在《非物质文化遗产概论》中强调非遗保护必须依靠立法，并提出"生产性方式保护"的概念。苑利、顾军在《非物质文化遗产学》中提出建立名录等级体系、设立保护区等。从这些国内外非遗专家的研究来看，相关研究主要集中在加强保护方面，从研究的方法来看是以整个国家非遗保护工作作为切入点进行非遗保护研究的，从宏观的角度把握非遗保护及研究的发展方向。

随着时代以及非遗保护研究的不断发展，非遗保护的实践在不断发展变化。当下非遗旅游开发十分火热，同时这种"非遗+旅游"的非遗保护及旅游发展模式也引起了学术界的重点关注。宋立中在其《国外非物质文化遗产旅游研究综述——基于近20年ATR、TM文献的考察》一文中，通过对国外著名旅游学术期刊《旅游研究年鉴》（*Annals of Tourism Research*）与《旅游管理》（*Tourism Management*）近二十年刊载的有关非遗旅游文献的学术梳理发现，国外"非遗+旅游"研究主题主要集中在非遗旅游的真实性与商品化、政治性质、旅游影响、立法保护、动力机制等方面，采取的研究方法多为民族志田野调查法、参与观察法、问卷调查法、深度访谈法等，理论探索多基于文化人类学和社会学等相关理论。通过宋立中的分析和论述，我们可以发现国外"非遗+旅游"研究的学术取向明显不同于国内非遗保护与旅游开发的应用对策及研究视角，具有一定的启发意义。此外，也有国外学者认为，新兴起的"非遗+旅游"这种现代旅游发展模式是不合理的，他们认为非遗与当地的社区分隔开，导致其原真性和文化生境嬗变，产生双重影响，导致非遗文化的本质和内涵异变。

我国近几年来对非遗的保护研究逐渐由宏观层面向微观层面转变，尤其是非遗与旅游发展之间关系的研究在近几年是研究热点。在非遗旅游开发模式研究方面的成果有：罗春培《非物质文化遗产在旅游业中的有形化利用研究》介绍了依托型模式、综合型模式、主题型模式及体验型模式四种非遗资源在旅游开发中的常见模式；张国超在《非物质文化遗产保护和开发模式研究》中认为活态性是非遗存在的最基本特征，决定着"以人为本"的开发保护模式，是所有非遗类型保护和开发的根本模式；刘桂兰、刘楠霞在《民艺类非物质文化遗产的旅游开发模式研究——河南为例》一文中对博物馆、旅游商品、实景舞台及文化园区四种非遗旅游开发模式进行了分析和介绍。也有一些学者从不同的研究角度重点关注了我国非遗旅游开发的模式构建与优化创新，如贾鸿雁《论我国非物质文化遗产的保护性旅游开发》从保护性方面论述非遗资源的开发利用模式。其他学者关于非遗与旅游关系的相关研究成果，因为篇幅有限，不做阐述。

在非遗旅游开发对策研究方面，刘松等人在《常州市非物质文化遗产旅游开发研究》一文中指出非遗旅游开发政府主导地位，强调要加强资源普查、完善机制等开发工作。王文在《论旅游立法中非物质文化遗产保护的完善》中指出通过制定法律法规及部门规章等手段，实现非遗开发多方位保护体系。以上两位学者是从宏观层面对非遗保护策略进行了论述和研究。夏毅榕在《论藏族非物质文化遗产的和谐旅游开发》中强调从旅游产品宣传、策划等方面入手，开发参与性较强和经济价值较高的旅游产品。林庆、李旭在《云南少数民族非物质文化遗产保护与开发的对策》中指出非遗旅游开发应注重挖掘少数民族特色饮食、服饰及其他手工艺制品。

此外，有些学者也从不同的研究角度重点关注了我国非遗旅游开发的模式构建与优化创新。例如，张春丽的《非物质文化遗产旅游开发探讨——以湖北长阳土家族自治县为例》开始关注具体区域内非遗旅游开发的对策。类似的研究还有很多，因为篇幅有限不做过多介绍。

综上所述，国内外关于非遗的研究发展趋势都是先从宏观的角度逐步具体化。随着时代的发展，非遗保护在实践中会不断遇到新的问题，在总结经验的基础上逐步推进，逐渐从宏观走向具体，从单一研究视角逐步发展为多角度、多方面探索非遗具体的保护方式，形成了在开发中探索保护、在保护中合理开发的非遗保护模式。虽然当下很多学者提倡开发与保护并重，但在开发过程中出现的各种问题，导致一些学者对非遗开发持怀疑甚至反对的态度。一些研究认为，旅游开发的商业性会导致非遗资源的真实性、完整性和原生性被破坏，不利于非遗的传承及保护。我们认为将非遗作为旅游资源进行开发利用是大势所趋，也是非遗活态传承现代化保护的需要，但是在开发过程中，一定要选择科学的方式，适度开发，尊重文化的内涵。

二、乡村非遗的内涵

乡村非遗是由村民创造、使用和传承的社会生活文化习俗，存在于村民的生产、社交、祭祀、娱乐活动中，是村民表达自然、经济、艺术、宗教、民族等多种元素的综合文化形态。它们扎根于乡村，是集体性生产和生活以及情感表达的重要方式。乡村作为物质与非物质文化遗产的综合体，既包括了以物质形式凝固下来的"躯体"部分，也包含了大量靠人的言行传承下来的"灵魂"部分，而非遗依赖于古村落的物质文化遗产，并呈现出更多的活态流变性。

古村落的存在和发展由共同的生活方式、价值观念和风俗习惯维系，而这些共同的生活方式、价值观念和风俗习惯就是古村落非物质文化遗产，它们是古村落发展的脉络和传承，即使在今天依然具有举足轻重的地位。

首先，古村落非遗具有传承性、活态性。古村落的长辈将非遗的习俗、制度及技能传给后人，后人获取前人的思想观念、精神追求，维持前人的生产和生活方式、文化习俗。

随着环境的改变、传统的迁移以及后人的改良，传承人对非遗带来动态的表达，成为活态非遗创造的主体，他们每一次的表演、展示、操作都是活态的创造表现。

其次，古村落非遗具有历史性、民俗性。古村落非遗表现为一定的人类种群在一定的历史阶段、一定的地域环境的一种生存状态、生活方式和思维方式，蕴含了丰富的历史文化和民俗传统。

其中，非遗多数集中在村落中，村民继承和改进这些具有地域认同、文化认同、族群认同的民俗传统，潜移默化地去促进生产、规范行为、聚拢人心。

最后，古村落非遗具有地域性、群体性。不同地域的古村落非遗具有的不同特色，是一定地区典型文化的体现。不同村落的人文、自然等因素导致了非遗项目及种类的差异。村落中的非遗项目多是由一定方式聚居的人群创作的，直至今天，在一些边远地区、少数民族聚集地仍是如此。

三、非遗的分类

对于非遗，联合国教科文组织的《公约》和我国政府文件都特别指出其范畴和种类。2003年，《公约》在定义非遗概念时指出，非遗包括以下方面：①口头传说和表述，包括作为非遗媒介的语言；②表演艺术；③社会风俗、礼仪、节庆；④有关自然界和宇宙的知识和实践；⑤传统的手工艺技能。加之定义将"文化空间"也视为非遗的重要内容，所以《公约》实际上是将非遗划分为六个大类。2005年，依据《公约》，我国政府在关于非遗保护的《意见》和《通知》中也以规范的文件形式将非遗划分为口头传统、传统表演艺术、民俗活动和礼仪与节庆、有关自然界和宇宙的民间传统知识和实践、传统手工艺技能及与上述传统文化表现形式相关的文化空间六大类。可见，《公约》和我国政府文件对非遗的种类划分基本一致，这也是国际社会所公认的"六分法"。2006年，为促进我国非遗保护实践，国务院公布了第一批国家级非遗名录，名录将非遗细化为民间文学、民间音乐、民间舞蹈、传统戏剧、曲艺、杂技与竞技、民间美术、传统技艺、传统医药和民俗，这就是后来被公众所广为知晓的非遗的十大项目类别，也即非遗的"十分法"。

除了被国家认定和被大多数国内研究者所认同的主流的"十分法"外，学术界也有研究者提出了诸如四分法、八分法和十三分法等：如以人的身体作为分类的逻辑出发点，将非遗分为口头文化、体形文化、综合文化和当下造型文化四大类；或将非遗分为民间文学类、表演艺术类、传统工艺技术类、传统生产知识类、传统生活与技能类、传统仪式类、传统节日类和文化空间类八大类；或将"语言"和"文化空间"增补进国家十大项目名录，将"杂技与竞技"大类细化为"杂技"与"传统武术、体育与竞技"两小类，使非遗原十大类扩充为十三大类。

四、乡村振兴与非遗保护融合的研究

（一）理论研究

乡村振兴战略提出以后，中共中央、国务院于2018年9月出台了《乡村振兴战略规划（2018—2022年）》，针对乡村如何实现振兴做出了全面细致的规划，在其第七章强调乡村文化建设的重要性及价值所在。目前国内学术界有越来越多的学者注意到了非遗与乡村建设和乡村振兴的关系研究，也取得了一定的成果。

2018年9月13日，第五届中国非物质文化遗产博览会——"振兴传统工艺，助力精准扶贫"论坛在山东济南召开，来自文化脱贫一线的专家学者、非遗产业带头人互相分享"非遗+扶贫"的相关经验与成功的案例。

我国关于乡村建设和文化的关系研究始于20世纪30年代以梁漱溟、晏阳初为代表所提倡的"乡村建设运动"，他们为乡村发展与文化关系的研究奠定了基石。

随着时代的发展，到20世纪40年代，费孝通在前人研究的基础上对中国乡村与文化的关系进行了更为深入的分析和研究，提出了"乡土中国"的概念，撰写出多篇研究论文，并出版了著作《乡土中国》，进一步充实和完善了我国关于乡村与文化关系研究的理论体系。

进入21世纪，我国新农村建设与非遗保护工作逐渐形成同步开展的局面，为解决在乡村发展实践中遇到的问题，2005年，党的十六届五中全会提出了建设社会主义新农村的要求，进一步明确提出乡村全面发展的要求。2008年10月12日颁布的《中共中央关于推进农村改革发展若干重大问题的决定》，着重强调乡村建设要做好物质文化遗产和非遗以及历史文化名镇名村保护工作。此后，乡村建设与非遗保护的关系研究开始获得学术界的关注，并且逐渐成为热点。当下，因为精准扶贫政策的实施和乡村振兴战略的提出，乡村发展乡村旅游成为乡村振兴的一大趋势。学术界开始对非遗保护与乡村发展及乡村旅游展开关联研究，通过案例分析探索两者之间的关系，从而实现两者共赢。

在乡村振兴战略提出以前，关于乡村建设与非遗的关系研究主要集中在乡村发展和乡村旅游实践中如何利用好非遗资源方面。吴亮在《社会主义新农村文化建设视阈下非物质文化遗产的开发与利用》一文中认为，要挖掘非遗的经济价值，将非遗的文化价值科学地转化为助力乡村建设的经济动力。余丹在《民族节庆旅游开发与非物质文化遗产保护互动模式研究》中认为，将民族节日开发成旅游产品，可以使节日的文化价值转化为经济价值，促进非遗多元化保护。刘丽丽在《北京郊区非物质文化遗产及其在乡村旅游中的利用研究》一文中针对北京郊区非遗保护力度不够和旅游开发率低等问题，对非遗保护和开发的方式进行探索，并提出相应的解决途径。田茂军在《论民族地区"非遗"保护与文化旅游的融合发展——以湘西自治州为例》中提出非遗保护与乡村旅游适度融合发展的观点，以湘西自治州为例分析非遗与旅游的关系，展开两者适度融合的研究论述。

在乡村振兴战略提出以后，乡村振兴与非物质文化遗产的关系研究开始得到学术界的关注。研究成果可从宏观和微观两个方面进行总结。在宏观层面，即在乡村振兴背景下，非遗如何保护。李平平在《乡村振兴视域下的非物质文化遗产传承思考》一文中提出，新时代非遗保护面临诸多挑战，非遗保护需要进行创造性转化，实现其经济价值助力乡村振兴，反哺非遗保护。于蓉在《乡村振兴战略下的农村非物质文化遗产保护探析》中强调非遗保护应立足乡村本位，主动参与其生存空间的优化，助力乡村振兴，提出了乡村非遗活态传承的模式即生产性保护、生态性保护、服务性保护、多元化保护、现代化保护，建构多层次、多形式、多主体的非遗保护机制。崔瑾在《乡村振兴视域下非物质文化遗产的保护》一文中指出，乡村振兴与非遗保护利用应立足于现实问题，坚守文化立场，坚定以人为本，坚持创造性转化，通过提升主体的文化自觉性、建立长效保护机制及实施合理开发利用。在微观层面具有代表性的有黄朝斌、顾琛的《乡村振兴与非物质文化遗产的创造性转化——以傩雕工艺为例》，提出要正确认识非遗商品化的原真性保护与创意再造的关系，理解区域文化定位与品牌意识构建在非遗文化产业发展中的作用，帮助傩雕工艺传承人走出现实困境，使传统工艺实现创造性的转化和生产性的发展，借助非遗的经济价值，助力乡村振兴。江桂杏在《以非物质文化遗产传承助力茂名乡村振兴的可行性思考》一文中，对如何依托非物质文化遗产传承来实现茂名乡村振兴，推动当地经济、文化的发展进行思考，并且探索出一条以非遗传承发展促进乡村振兴的新路径。肖远平、王伟杰在《非物质文化遗产助力乡村振兴的"西江模式"研究》中强调，要利用非遗资源助推当地经济扶贫模式，也是"旅游反哺文化"的文化保护模式、旅游带动传统工艺复兴的产业振兴模式，更是多元文化和谐共生的民族团结模式。他们同时分析"西江模式"存在的问题，并提出坚持非遗"样本保护和活态生产两条腿走路"的发展理念，为其他地区发展非遗乡村旅游提供借鉴。从非遗与乡村的关系研究成果来看，两者关系研究在不断走向具体化，但是目前尚处于研究的初级阶段，还需要学术界的持续关注。

（二）活态传承

1.围绕非遗开展体验活动

围绕乡村非遗开展的体验活动促进了乡村非遗的活化，从体验角度看，也丰富了人们对传统文化的情感体验。乡村非遗体验项目满足了人们在情感体验层面上的需求，不仅是休闲娱乐、消遣性的需求，更多的是从动手体验中获得的传统文化回归的精神需求。人们在乡村非遗中寻找到活着的乡村记忆。综合性的体验活动提供的不仅是产品及服务，在更大程度上还能够引起人们内心的共鸣以及审美层面的升华。

在乡村非遗体验活动中，人们的审美体验过程从直觉体验开始，对乡村非遗首先产生直觉体验，沉浸学习；经过内化感悟，对非遗产生认同感、自豪感；进而达到物我同一，实现升华。为了促进人们对非遗的理解，相关部门需要做好体验场景的营造，使乡村非遗体验活动生活化，达到知、情、意、行的统一。

乡村非遗在乡村振兴中发挥审美功能。人们在非遗体验活动中接受文化熏陶，培养审美情趣。人们在参与非遗体验活动时，对非遗历史典故的展板、工具等产生注意，形成感知觉，在体验过程中形成对非遗的感性认识——文化认同阶段，人们在动手操作中对乡村非遗文化产生文化认同感、自豪感——上升到理性认识阶段，能够区分精华和糟粕，自觉保护乡村非遗。首先，在感知层面，人们在体验中形成感性认识，初步认识非遗文化，深化了头脑中关于非遗的表象。其次，在感知的基础上产生情感。如果个体仅仅对客观事物进行接触，而没有相应的情感变化及审美体验的升华，体验是不完整的。最后，由于体验对人的影响深远而持久，过去的体验能够被重新激发甚至得到升华，在乡村非遗体验活动中，感悟乡村生活，回忆乡村生活，从而产生幸福感。对于该角度而言，这种体验是一种反思体验。这样看来，体验本身就是一种学习方式，个体在非遗体验中获取知识、陶冶情感，进而得到升华。无论是当地居民还是过往游客都能够对非遗产生审美方面的感悟。

对于乡村非遗的传承来说，体验为乡村非遗功能发挥提供新思路。体验是乡村非遗功能发挥的助力。非遗是一个较为复杂而庞大的系统，通过体验使人们学习和理解非遗的方式是有效的。乡村非遗可作为体验的内容，在真实的文化情境中，开展直观的文化体验活动。在体验中，人们首先感知乡村非遗独特的文化魅力，然后学习乡村非遗相关的文化知识，体会感悟乡村非遗的文化行为，进而形成乡村非遗的文化判断，通过不断体验走进非遗、感悟非遗，最终形成对优秀传统文化的美感经验。

正是由于体验本身的层次性，乡村非遗文化体验活动也具有层次性，乡村非遗的功能得以充分发挥。体验为乡村非遗文化的活化提供了有效的媒介。乡村非遗文化不再只停留于典籍中，不只是静态地陈列于博物馆、文化馆中的展品。体验具有多样性，要将体验的思路融入非遗功能发挥中，就要开展形式多样的非遗文化体验活动，包括教育、模仿、鉴赏、审美等，这些是内容丰富、形式多样的体验。围绕手工技艺类非遗开展技艺研学体验活动，体验者在手工艺人的指导下动手操作。围绕传统音乐、曲艺类非遗开展表演体验活动，体验者欣赏传承人的表演展示，跟着传承人学习传统音乐、曲艺等。

体验的结果具有持久性，非遗文化体验是文化和体验的融合，对体验者的影响持久而深远。体验者沉浸在体验活动中，通过模仿、鉴赏等体验到事物的变化，有了深刻印象，感受不断深化，实现精神上的放松、情感上的陶冶。

从体验的角度看，乡村非遗文化体验活动有多种维度，包括娱乐性、教育性、审美性。乡村非遗文化体验活动的层次性、维度的广阔性有利于发挥非遗的教育功能。在非遗文化体验活动中，人们主动参与其中，成为主动的"表演者"。人们按照每个环节的操作方法，适当发挥想象力，手脑并用，做出学习后的成品。这种主动学习者的角色远比被动接受者更有助于非遗功能的发挥。体验活动是每个人主动参与的过程，打破了被动接受的思维定式，转变成指导者与学习者的良性的关系。体验活动更多地取决于主动学习者、参与者。从体验角度看，研学体验活动可以看作横跨教育性和娱乐性的体验活动，是交互式学习方式的实现。通过体验活动的教育性，人们获得新知识，促进自身能力的发展，通过体验活动的娱乐性，获得由传统文化带来的愉悦体验。为了能真正地向学习者提供信息，提高其技能水平，体验活动需要积极作用于学习者的思想。

乡村非遗文化承载的是人们深藏于心的乡愁，体验能够将这种情感放大，让体验者融入乡村非遗文化，人们沉浸在乡村非遗文化体验活动中，专注于过程，不仅学习技能，获得愉悦感受，更能身临其境，获得独属于自己的感悟，在乡村非遗文化体验中找寻情感寄托，每个人的体验都是持久而深远的，乡村非遗功能的发挥是深层次的。

乡村非遗文化体验活动促进人们文化传承意识的提升。从体验视角看，乡村非遗文化体验项目加深了人们对非遗文化的认识和感悟，有利于促进更多人在体验和感悟中提升文化传承意识，把传统手工艺品以及传统音乐、曲艺中蕴含的文化内涵延续下来，促进乡村非遗文化的传承、发扬。

考虑人们的认知发展水平及特点，开展体验活动，满足不同年龄段人群的文化需要，有利于乡村非遗的活态保护及原真性保护。原真性保护原则顺应了非遗的活态性，顺应了非遗发展的弹性。根据非遗相关理论研究，非遗研究强调非遗的整体性，不能将非遗与原有生态相分离。此外，乡村非遗文化体验活动以人为本，根据相关理论，依托一定模式开展体验活动，顺应了认知发展规律，体验活动中的每个环节都要考虑到体验者的认知发展特点，处处体现以人为本的原则，则体验活动就更具成效，有利于非遗功能的发挥。比如，无论是孩童还是成年人都能参与豆腐制作，而紫金砚制作过程的某些环节因工具使用等方面的原因更适合成年人进行体验。将模式有针对性地运用于体验场景的营造及体验活动的开展，有助于非遗功能的充分发挥。

乡村非遗文化集中体现民俗文化精神，民俗文化有自身的传承规律，体验活动尊重了民俗文化的自主传承规律，顺应了乡村非遗文化作为活态文化的独特性、原真性，让更多人参与到乡村非遗文化的传承中去。体验活动较完整地还原乡村非遗文化，乡村非遗文化蕴含的丰富内涵得以体现，内在的文化气息及历史气息得到很好的展现。体验活动保留乡村非遗文化的各个环节，原原本本地进行工艺制作及艺术再现，保留的是乡村非遗文化最原始的部分，保留的是宝贵的传统基因。原生态乡村体验活动的开展有利于乡村非遗文化的保存，有利于乡村非遗文化在其原型得到保护的基础上自由发展，保护原生文化，得到文化遗产的衍生物。乡村非遗文化的原生性能够在很大程度上得到保留，更有利于非遗功能的发挥以及价值的体现。

人们的经历、原有的知识背景各不相同，对非遗有不同的理解，对非遗本身的融合、创新发展都会产生影响。在乡村非遗文化体验活动中，人们能够感受到当地传统文化的魅力，唤起内心深处关于传统文化的记忆，唤起乡愁。这些在情感意志方面有利于对人们民族文化自信的培养。非遗作为乡村文化的精华与核心，是乡村休闲旅游活动中的重要文化因素，是人们构建精神世界、文化生活的重要力量。形式多样、实质内涵丰富的乡村非遗文化体验项目使人们对传统文化美产生感动，由此激发对传统文化的认同感及自豪感、自信心，进而促进传统文化传承的责任意识的觉醒。人们能够通过非遗读懂其深刻的文化内涵，为非遗在乡村振兴中充分发挥功能摸索出一条新的道路——体验。

2.因地制宜推进乡村非遗向产业化方向发展

了解本地区的种种实际情况，认真分析本地区非遗生存的土壤及保护条件，在此基础上，借鉴其他地区非遗保护的成功经验，因地制宜，转化为本地区非遗发展的具体措施。尤其在借鉴国外经验时，不能让外来文化过多影响本地区非遗的发展，在此基础上推动乡村非遗向产业化方向发展。

由于乡村非遗文化本身及生存环境的脆弱性，将非遗融入休闲旅游时需谨慎，应处理好非遗保护与开发、向产业化方向发展之间的关系。日韩等国的非遗开发利用之所以成效显著，在很大程度上是因为利用得当，对非遗的保护极其重视。日本将对传统技艺的保护和利用共同推进，形成相互促进、相互依存的格局。为了避免非遗的过度商业化，我国计划针对制作技艺的利用建立监控系统，谨慎推进非遗产业化，注重对传统乡村非遗文化的保护。在保护和利用非遗过程中，要注重社会力量的参与，强调活动的体验性。

在推动乡村非遗向产业化方向发展的过程中，尤其应注重保护非遗，进行保护性开发。要想使非遗在乡村旅游中的功能得到充分发挥，就要将非遗保护好，在保护好的基础上再进行充分利用。根据非遗保护的相关研究理论，社会群体如新闻媒体、社会团体等是非遗保护的主体，应协同合作，充分发挥作用，围绕非遗开展体验活动，引起更多人对乡村非遗的注意，乡村非遗在得到关注的同时也会得到充分的保护及活化。

只要开发利用得当，商品化不一定会引起乡村非遗文化的改变。开展乡村非遗文化体验活动，人们获得认知体验、审美体验，可能会为乡村非遗文化与乡村整体发展带来新的意义。比如，将寿州香草与现代设计相融合，设计形式多样的香包、香囊，在庙会等处进行展示、销售，不仅能为村民带来收入，还有利于乡村非遗文化的传播。围绕豆腐制作技艺开展的体验活动也十分受欢迎，带动了相关衍生旅游产品的销售。其他传统制作技艺也可以采取这种方式，由政府主导、社会参与，手工艺人、文化旅游公司协同合作，共同努力，一同深入开展乡村非遗文化体验活动，推动文化与旅游深度融合，推动乡村非遗向产业化方向发展。乡村非遗参与到乡村旅游市场里，对乡村非遗进行特色化、多样化开发，可发展具有地方特色的文化旅游品牌。

第二节 乡村非遗是中华民族的底色

文化是民族的灵魂，中华文化的核心与基石是乡村文化，非遗构成了乡村文化的精华部分。非遗是传统农业社会中生产和生活状况的集中体现，是由古代劳动人民创造并代代传承的传统文化，在现代社会仍具有重要意义。当下人们对以乡村非遗为代表的优秀传统文化的认识需进一步深化，乡村非遗对于乡村振兴战略的实施也有着不容忽视的重要影响。

可以说，乡村非遗是传统文化多样性的体现，是乡村可持续发展的有力保障。非遗的突出价值在乡村得以充分体现。乡村的发展与非遗的保护与传承密不可分。乡村非遗对村民文化素质的提升、国家精神的凝聚、社会稳定的保持等都具有重要作用。围绕乡村非遗开展综合性的活动，推动非遗在乡村发展中充分发挥作用，才能更好地让中华民族的底色更为靓丽。

一、乡村是非遗生长的土壤

（一）非遗产生于乡村

比如，寿县的传统技艺、曲艺、民间文学、传统音乐、民俗及传统美术六大类非遗分布在寿县的各个乡，根植于乡村，具有鲜明的地方特色。非遗产生并发展于乡村，深深根植于乡村，经过代代传承、锤炼而成，是由百姓创造的文化，是传统农业社会的生产和生活方式，是农业社会传统文化的精髓，与我们的生活有很紧密的联系，这也是围绕非遗开展乡村旅游的现实可能性。

非遗是乡村文化基因的集中表现，是来自该地域群体的创作，乡村非遗文化有的是对当地历史的记载，有的是对农业生产和生活的精炼与升华，有的是对英雄人物的歌颂。无论具体内容是什么，乡村非遗文化都是地域生命基因，都是对地域自然资源、生产和生活方式、审美观、精神信仰等的集中体现，是在农业生产和生活中产生，见证乡村发展的活态基因。

（二）非遗发展于乡村

非遗随着乡村的变迁而不断发展，带有乡村变迁的印记，具有次生环境下产生的文化所不具备的独特性，经过上千年的积淀，文化底蕴深厚。正是因为长期以来扎根于乡村，经过长久积淀及滋养，乡村非遗文化的底蕴十分深厚。

比如，寿县的豆腐制作技艺与楚汉文化一脉相承，寿州香草制作技艺可溯源至五代十国末期，乡村非遗文化都是传统农业社会的能工巧匠创造的科学技术成果以及文学艺术成果，经过代代传承与发展，形成了鲜明的地域特色，具有较高价值。正是因为非遗极具个性化，具有鲜明的地域文化元素，寿县的传统技艺类、民间文学类等非遗项目具有丰富的文化旅游开发价值。

二、非遗的核心在乡村集中体现

非遗根植于乡村，是乡间的、百姓的文化，是传统乡土文化的精髓，非遗的核心集中体现在乡村。

（一）非遗是乡村生存与发展的文化内核

乡村有着原生态的自然风光，有绵延千年不绝的乡土文化，集自然、文化、社会、经济等多种特征为一体，因而具备生产、生活、文化等诸多功能。非遗作为中华民族文脉的精华，乡村是其重要载体。非遗通过最广大民众以口传心授的方式，经过代代传承流传至今。非遗之所以能代代传承，成为乡土文化的核心，是因为非遗体现了广大民众的道德观，是民间文化的代表，在现代仍具有很大价值。非遗蕴含的文化特质是传统乡土文化的缩影，我们追寻的文化根源，探寻的文化基因就深深蕴藏在非遗中。

非遗具有强大的生命力，是地域文化独特性的集中体现，乡村非遗文化对乡村社会的构成和发展具有重要意义，对乡村社会与城镇社会协调发展具有重要意义。中国民间传统文化的主体是乡土文化，而乡土文化的核心正是非遗。

（二）非遗是村民文化传统的主体

非遗是传统乡土文化的主体，保护非遗就是留住乡愁，留住记忆，留住文脉。非遗是民族文化精神的载体与凝聚，保护非遗才能推动乡村振兴。城镇化不能对以非遗为核心、以乡村文化为主体的中国民间传统文化造成不利影响。保护非遗，就是保护乡土文化，保护民族性格、民族精神。

非遗根植于农耕文化，乡村是传统文化的基本载体。非遗以活态的方式存在，经过代代传承流传至今，是弥足珍贵的传统文化精华，是传统农业社会劳动人民生产和生活的产物，是当时农村生产和生活的真实再现，是一种历史的见证，在历史认识方面而言具有重要意义。

第三节　乡村非遗传承的愿景与困境

一、非遗面临衰落消亡的危机

在现代社会，工业化、城镇化的进程对传统非遗文化造成冲击，外来文化挤压非遗文化发展的空间。非遗面临衰落消亡的危机。

（一）外来文化的冲击

外来文化挤压非遗的生存空间，在一定程度上对非遗形成了冲击，对非遗在现代社会的存续产生了一定程度上的负面影响。因此，我们应重视对本民族的传统文化的保护，尤其是重视对非遗文化的保护。在现代社会中，应该促进非遗文化在体验层面的活化。

（二）城镇化及现代化的威胁

随着经济社会的迅猛发展，工业化和现代化大浪潮正冲击着乡村非遗生存及发展的文化空间，在乡村走向城镇化的过程中，城镇化直接影响非遗的生存环境，传统的"文脉"被割断。一方面，传统文化断层、消解、濒危；另一方面，新的文化没有融入乡村，乡村非遗正面临危机，乡村地域文化、传统文化式微。

乡村振兴的灵魂在文化，而当下没有将作为乡村文化核心的非遗传承保护好，造成乡村文化面临严峻形势：现代文化还没有很好地融入乡村而乡村的传统文化已然受到影响，乡村文化空心化、人口空心化问题显露。通过非遗文化的体验互动等促进非遗在乡村振兴中功能的发挥，将"根"留住，将传统文化的精髓留住，可保护并发展好乡村极具地域特色的非遗文化。

二、乡村文化遗产保护的现状

（一）对乡村文化遗产的认识不足

有学者认为，乡村文化遗产实际上和村落文化景观的概念一样，村落文化景观是自然与人类长期相互作用的共同作品，是人类活动创造的并包括人类活动在内的文化景观的重要类型，体现了乡村社会及族群所拥有的多样的生存智慧，折射了人类和自然之间的内在联系，区别于人类有意设计的人工景观和鲜有人类改造印记的自然景观，是农业文明的结晶和见证。

也有学者认为，生态文明不只是自然生态，也是文化生态，它是在城市化背景下人们对自然、文化、人类遗产进行重新审视的态度，是一种关系范畴、实体范畴。乡村建设与乡村文化遗产保护是有区别的，文化遗产是乡村社会建设的一部分，但不是全部。城市人对乡村的认识是抱有幻想的，他们对乡村的判断停留在想象中，而不是来自自身的体验，如二十四节气，以及乡村中的自然万物、虫鸟鱼兽都在发生变化，需要细致入微地进行观察和体验。

（二）传统乡村社会机制的瓦解

对乡村文化遗产的保护除了资金和技术的问题，更重要的是制度建设、新农村建设的问题，现有的制度不改变，传统村落就保不住。中央历来关心农村问题，连续多年的中央一号文件关注的都是农村问题。有学者指出，现在的乡村基本上是"1/3的人外出打工，1/3的人本地打工，1/3的老人小孩留守"，在物质表象背后的是社会机制问题。在现有的机制下，我们能做的有限。

从近代到现代，乡村社会被弱化，处于被动的改革之中，乡村主体力量不断被削弱，由此也导致传统乡村社会的瓦解。

任和昕认为，乡村社会的农耕方式、自给自足的乡村生活渐趋瓦解，农民大多外出打工，依靠在外的收益维持生计，对土地的依赖程度越来越低。在浙江、广州一带还有地扪人聚集的"地扪村"，形成一种"离村"的生活模式。乡村原有的社会组织逐渐被打破。例如，原来的修桥是大家出力，所有人会努力将其做好。现在，依赖政府扶贫等项目投入，一旦变成工程，就都"事不关己"。未来，当乡村变成城市之后，人的欲望膨胀，"占有欲"会变成乡村发展的大问题。其实，农业在很多地区自古就不是主要的经济收入来源，如明清时期徽州地区（今分属安徽省和江西省）人们外出经商是主要的收入来源，"无徽不成镇"，但传统的乡村并没有衰败，因为人会落叶归根，最终会回到故乡。

（三）规划的无能为力

规划的无能为力导致建筑师对乡村景观改造的无能为力。从实践的角度来看，对乡村做外部干预不能用城市的方法，原因在于城市可以离开土地，乡村不能离开土地。有人曾经做过实验，花八万元改造老宅，效果并不理想。在村庄设计方面，矛盾在于选址和规模，选址受宅基地和自有农田位置的限制，而规模则超标太多，在乡村建房很难控制。

如今，在建筑领域仍以"物"看待传统村落，而村落的空间、建筑并不只是物质场所，文化内核发生变化，外貌也会发生变化。我们要从多个立场和角度来看待乡村，如站在祖先、今人、后人的立场，站在局部、中观、宏观的立场，站在理论、产业的立场，站在村民、外来者的立场。站在不同的立场，得出的结论也会不一样。

在当前的乡村保护和建设中，有一种趋势是建筑师下乡，在村落那样好的自然环境里，大部分建筑师都能建出"好看"的房子。但回到专业领域内，他们并没有对"建造的传统"进行仔细研究，建筑师更应该关注传统民居有没有未来。

（四）旅游的不当影响

旅游带来"符号化的文化"。很多时候，旅游带来的是乡村为迎合外来者需求而做出的改变，以及专家学者所提炼出的"符号化的文化"。例如，地扪并没有"千三侗寨"一说，是为迎合旅游业发展而编造出来的。同样，"侗纸"也是个伪概念，侗族的纸与贵州周边的纸并无区别。侗族禾仓变成了旅游和研究的热点，但其仅仅体现了生存智慧——为防蛇鼠建在水中而已。

在2012年以前，关注乡村文化遗产的人还不多，从事这方面工作的人常常会觉得势单力薄。近年来，政府开始关注乡村，关注传统文化，传统村落保护、乡村复兴受到人们的关注。目前正值城市建设到了稳步发展阶段，大量的规划师、建筑师也进入乡村，甚至发出了"建筑师的春天在乡村"的呼声。可是，世界上有多少村寨是由规划师或建筑师设计而成的？在一些乡村成为旅游目的地以来，在乡村建民宿成为一种时尚，而且被认为乡村致富最快捷的方法。许多人认为乡村旅游是乡村发展的唯一途径，这甚至形成了一种思潮，并被很多地方政府所接受。

那么，我们保护乡村文化遗产本质上到底是为什么？难道仅仅是为了满足旅游者或外来者的需求吗？难道对乡村文化遗产的保护只有旅游这一条路可以走吗？我们保护文物实际上也是在推动文化事业的发展，来滋润道德的力量。这其实讲到了文化遗产的本质问题。文化遗产的保护是由人类对物质和道德的需求共同决定的，而不仅仅是它作为旅游资源而具有的外在价值。为什么要保护乡村文化遗产？为谁保护？谁来保护？保护什么？这是我们所面临的难题。

如果保护乡村文化遗产是为了其创造者和传承者，那么我们的出发点和保护路径就会与外来者完全不同，包括村落本身。我们绝对不能把它定格在某一个历史时期，然后力图恢复其在某一个历史时期的面貌。乡村是经过长时间的发展而形成的，而非由设计师设计出来的，就像人的面貌会随着时间而改变一样，乡村每天也都在改变。人在自然环境中生存，人的生活、劳作、风俗人情、信仰等都会随着岁月而改变，是一个持续发展和变化的过程。

乡村非遗是活态的文化遗产，所以我们要保护的是一个历史过程，而不是一个断面，不能把活的过程切掉变成死的断面。在保护乡村时不能让它停滞在某一个历史时期，而是要让其价值在得到提升的同时也让地区得到发展，让当地人得到实惠，这才是最根本的目标。这一目标不可能是一蹴而就的，而是需要更多的时间来落实。现在，把民居改造成民宿或者酒吧让外来人体验是一种利用的方法，但是可供利用的民居毕竟是少数，获益者也是少数。

三、乡村文化遗产保护与发展的建议

（一）制度设计

在制度方面，应该完善顶层制度设计，尤其是土地制度与城乡制度。有学者提出"乡村是依托土地存在的"，传统村落的保护要从土地制度、城乡制度方面多发声，这是一项系统性工程。我们可以考虑乡村土地的购置，将一些集体所有的土地变成国家所有的土地，将一些农田收归国有，农民再租种。在城乡一体化背景下，如果农村户口被取消，农村土地也将面临一些产权问题。在文物系统介入传统村落保护时，福建、贵州等省都有过因保护而调整宅基地的政策。宏观的顶层设计很重要，但也很难。现在，各个部门共同管理一个村，很难管好，在传统村落中应该建立良好的收储制度，关注有价值的民居。

（二）厘清保护与发展的关系

谈保护不能离开发展而空谈。有学者认为，在乡村文化遗产的保护过程中，发展应放在重要位置，甚至发展比保护还要重要，经济发展差异大或许会是压垮乡村文化遗产保护的最后一根稻草。外部社会看待乡村，主要是谈利用乡村文化。要尊重乡村自我发展的意愿，文化尊重就是尊重人的发展诉求。工业文明和自由市场进入乡村社会，不能削弱乡村社会博弈的能力。过去发展好的村子都有经济支撑，如有的侗族地区的寨子有木头产业等，现在谈保护也不能离开发展。在发达地区，文化是给精神添砖加瓦；在贫困地区，文化是给发展引路。

在保护中要明确"专家的责任，学者的思考"。首先，专家的身份和学者的身份要区分开来，现在往往是"专家说学者的话，学者做专家的事"；其次，技术与理论问题也要区分开来。

（三）抓住人心

重塑现代乡村治理制度，"人心"最关键。很多学者认为，传统村落保护的四个基本要素是政府、村民、学者、资本，村落是各种力量博弈的现场，其中最弱的是村民。在村落中搞保护，要提防其中的某两个甚至三个要素结合在一起，将村民抛开，侵占村民的利益，否则最终保护也势必进行不下去。帮助村落自组织不能从根本上解决问题，本质上的方法应该是激活乡村社会内在的组织能力，形成有组织、有秩序的聚落，不能盲目引入竞争。目前，西部地区村落的自组织不如东部地区发展得好，富裕地区向乡村的回归已经开始了，成都平原的回归可能是最快的，所以不同地区在方法上应区别对待。乡村文化遗产保护的关键在于建立现代乡村治理制度，可以有合作社、基金会、生态博物馆等多种模式，但这些都是协作者，最终还是要将乡村还给村民。但也有学者认为当前的专家学者以及非政府组织等均强调地区自治，但依靠自组织，依靠非政府组织无法做好传统村落保护，保护传统村落必须依靠政府的力量，政府资金、国家资金可以进入，对政府的考核目标也要相应调整。要深入乡村听取村民的意见，现在的问题是政府的某些政策与村民意愿离得比较远，现在的乡村治理很难找到好的带头人，需要一些好的模式。

现在的乡村保护充满困惑，未来的一线生机在于文化，对乡村的文化干预重要的是"人心"，但实施很难，要掌握方法。要重新建立"乡村共同体"，这是一个修复和重构的过程，不是保护的过程。继承传统不能只是继承表面，传统乡村里的公共空间是相互避让、和谐相处的，现代乡村里则存在一些挤占公共空间的现象。生态博物馆应该承担乡土教育的功能。

任和昕提出，他主持的地扪生态博物馆主要功能是对内服务，而不是为村民服务。生态博物馆今后的主要任务包括：一是加强村史（乡村志）、名录（自然、物质、非物质）、档案的建设；二是促进文化传承的社会化，成立共同的社区管理委员会；三是将社区发展的管理剥离出来，委托给第三方机构，生态博物馆将转变成政府的顾问。下一步的重点是乡村文化遗产的记录，乡村知识体系的建构，建立乡村书院，要利用乡村文化遗产造福当地人。

（四）分级、分类评估和保护

对乡村文化遗产进行分级、分类评估和保护是十分重要的。全国的传统村落不会全留下，也不会与现在一样，要让村子继续演变，对村落要进行分级、分类，包括保护级别的分级和发展路线的分类。有学者在最早提出"文化遗产的分级、分类"时还加了"功能性"一词，"功能性分级、分类"就是综合考虑保护级别、遗产类型、地理区位等因素，对今后的利用方式提出分类。

分类要从多角度进行，包括功能、空间、意愿、市场等。村落保护首先要对文化进行认知，全国范围内山地稻作、麦作、草原等地区文化差异巨大，要区别对待。也有学者提到应当对村落采取分层次的多样化保护方式：一是"传统村落完全保护"，包括物质的和非物质的，要注意与周边村落的对比问题，尽可能成片地保护村落；二是"仅保留传统的物质外壳"；三是"传统与现代相结合的方式"。另外要对村落的保存状态进行分级、分类，包括原生型、变异型、消失型，保护要以村民为主体，村民的意愿是发展。乡村文化不能只在乡村保存，重要的是乡村文化特质的保存，政府保存特质，也可以在别的地方重组。

（五）列出"负面清单"

我们要给保护列出"负面清单"，不要盲目引入竞争机制。在乡村文化遗产保护过程中，重要的是"不能做什么"，即列出"负面清单"，如"仪式不要表演，文化不要造假，生活不要过多打扰"。不能盲目引入竞争机制，不要一味迷信西方的古典经济学，引入自由竞争机制会把乡村的约束和共享机制彻底摧毁，文化生态将被破坏，公共性的消失会导致村落的消亡。现代乡村已经不是文化孤岛了，乡村与外界的沟通全无障碍。

（六）正确看待旅游不能作为乡村未来的支柱产业

旅游不能作为乡村未来的支柱产业。在全球化和文化交流的大背景下可以将旅游作为文化发展与交流的媒介，村落的旅游首先是"有朋自远方来"，但外来者也要"入乡随俗"，不能让文化适应旅游，变成表演。

但也有学者认为，现有的对传统村落的利用只是旅游产业，其他产业较少提及，传统村落的发展导向是旅游，对于乡村文化遗产保护意义不大。在村落里"人是最重要的"，要关注人的变化，好的做法要提倡，如村落自身培养出了带头人。

有学者还指出，结合在地扪、堂安的经验，可以有一部分"旅游村寨"，如堂安是一个旅游区，离肇兴很近，是绕不开的。但不能把旅游作为支柱产业，要发展社区旅游，而不是旅游社区。堂安曾尝试与村民结合开设集体酒店，由当地人控股，近期准备推出堂安的啤酒。地扪的发展模式是跳出旅游发展旅游，旅游服务区不定在地扪村，而是前置到茅贡镇，从而带动茅贡镇周边的村落，将茅贡镇建设成乡村的城市化，也是城市的乡村化的中心枢纽。肇兴是动的旅游，茅贡镇则是静的旅游，茅贡镇和周边村寨未来要发展四大产业，即木工工坊、生态农产品、手工产品、度假旅游。

（七）适度商业化

乡村应该允许受监管的资本进入，但商业化要适度。价值认知是乡村文化遗产保护的指导性因素。乡村文化遗产的变迁方式有三种：一是政府主导的强制性变迁，具有主观、速度快的特点，占主流，但遗留的问题最多；二是引导性的变迁；三是自发的选择性变迁，是在专家、村民以及社会各界对村落价值认知的基础上村民自我文化抉择的过程，这是一个理想化的状态。不同方式的文化变迁速度是不同的，对价值的认知也有差异。

有学者认为，对乡村文化遗产的保护与发展可以有国企的进入，但要对其进行要求和考核，不是由地方政府考核，而是由更高级别的政府部门考核。国企进入是国家责任，其投入可以不计算短期的回报和利润，且可以通过税费抵扣的方式在乡村文化遗产保护中进行投入。但也有学者表达了相反的观点，认为所有的资本都靠不住，国有资本进入目的也是"把人从乡村剥离"出去。所有进入村落的事项都要做评估，做影响评估，看是好的影响还是坏的影响。提出乡村发展旅游要"适度商业化"的观点是十分必要的，即不能过度商业化。适度商业化就是要控制资本进入的速度和方式。

（八）做了才是成功

"做了才是成功"，即使在悲观中也要继续前行。很多学者经过多年的乡村遗产保护实践，见证了乡村社会近年来发生的变化，普遍对乡村文化遗产保护的未来比较悲观。有学者指出，中国的城市化率在过去30年提高了20%，在今后30年还要再提高20%，将达到70%，还有大量的农村人口要进城，未来的传统村落还能剩下多少？也有学者指出，传统村落存在的环境已经不在了，包括经济基础、土地制度和组织结构。当今社会的外部环境是城市化、工业化和全球化，经济不发达地区的村落仍没有可以支撑的经济，经济发达地区的村落早已经被破坏，所以传统村落的保护是天下第一难的问题。如果土地制度不改变，如同大遗址面临的问题一样，传统村落也很难保存下来，其中涉及权利与利益问题，在现有的制度下人们只能做力所能及的事情。过去的村子都是自主的、多样化的，现在基层活力不足，有的村委会只是上传下达的"传声筒"，这样不可能多样化。如果多样化的土壤消失了，恢复乡村的多样性将是知其不可为而为之。

还有学者觉得，村落像垂垂老者，保护乡村文化遗产是在做逆向工作，因此对未来比较悲观，认为对乡村文化遗产的保护只能"尽人事，听天命"。对于乡村的未来，如果国家投巨资，可以留住其形，但"魂"基本上会消失，最差的结果是"形神俱灭"。

我们认为，乡村文化遗产的保护需要更多在专家指导下的实践案例，并且是长时间的实践案例，要身体力行，参与式帮助，深入之后挖掘细节，要鼓励大家深入，形成多方面的主导者，要开放一点，要拿实践结果说话，只有实践成功的案例才能最终影响顶层设计。

"做了才是成功"，乡村文化遗产的保护注定是一条漫漫长路，这条路没有固定的模式，需要大胆的尝试和持续的坚持。

四、乡村非遗保护与发展愿景

结合自己的工作，结合专家的发言，很多人都在想，在乡村非遗保护工作这方面，我们的非遗工作者与研究人员到底应该如何面对这些问题？乡村文化遗产越来越宽泛，其中是否也存在误区？这是在讨论乡村发展与乡村保护当中，一个是专家的责任，一个是学者的思考。这两者还要有所区别。在乡村非遗的相关工作中，有的是专家的身份，也有的是学者的身份，不同的群体都在关注乡村文化遗产保护工作，但是不同群体在乡村文化遗产的保护实践过程中的发声有时是存在错位的。很多时候，专家说了学者的话，学者做了专家的事。从实践操作层面来看，效果不是很理想。行业的管理者在思考乡村文化遗产保护工作时，有时候发声、立场、定位也有问题。实际上，乡村建设运动也好、活动也好，与文化遗产保护是有差距的。所以，要把专家的责任和学者的角色分开。由此，技术与理论也要分开。其实，在乡村非遗保护过程中，技术性的问题也是需要探讨的，有些很好解决，有些则是需要跨学科共同解决的。乡村的非遗保护不是建筑规划部门一家就能做的，也不是文物保护部门一家就可以做好的，它需要现代科技的手段，包括物理、化学等其他学科的参与。技术性的问题相对来说好解决，核心是理论问题。

今后，我们应在对脆弱的非遗文化进行充分保护的前提下，进行适度开发，发挥非遗文化自身的功能，推动非遗文化资源向文化产品、旅游产品的转化，促进乡村文化与旅游业之间的融合，非遗文化的发展为乡村产业的繁荣注入源源不断的动力，带动周边地区村民就业，为乡村经济及社会发展增添动力，发挥非遗在乡村振兴中的作用，同时活化非遗文化，乡村文化在现代社会会重新焕发光彩。

但乡村文化的保护与复兴、乡村的可持续发展不可能一蹴而就，这是一个综合的、长期的工程，我们的愿景显然没有那么容易实现。当然，所有的努力还是产生了积极的效果，相信经过各方面坚持不懈的努力，在乡村非遗得到保护的同时，我们还要找到每个乡村不同的可持续发展的路径。

另外，乡村文化遗产保护工作是乡村社会建设的一部分，而不是全部。我们在谈论的时候不能回避乡村社会建设的问题，对于乡村建设经验的研究的确要多加思考、讨论。对于这个问题的思考对乡村文化遗产的价值体现起到至关重要的作用，特别是在今天的中国，这个问题不能回避。

第四章 深层思考：文化遗产的保护与良好发展

本章对于文化遗产的保护与可持续发展进行了深入探讨，从国际视野下的文化遗产保护、文化自信视角下乡村遗产的价值阐释、城市化进程与乡村文化遗产保护态势这三个方面展开。

第一节 国际视野下的文化遗产保护

作为农业大国，乡村的生活模式和文化传统在很大程度上代表着我国的历史传统。传统乡村见证着中华优秀传统文化的发展，也是其根基所在。在工业化、现代化、城镇化发展的浪潮中，村民的经济收入逐渐增加，生活方式正在发生改变，乡村在获得发展机遇的同时，传统乡村文化以及传统村落的保护与发展也受到了直接的冲击，面临着诸多矛盾。

近年来，诸如《关于实施中华优秀传统文化传承发展工程的意见》（2017年）、《乡村振兴战略规划（2018—2022年）》（2018年）等文件强调乡村文化保护在乡村振兴战略中的重要性，乡村文化保护的新机遇、新时代已经到来。与此同时，我国对乡村的认知逐渐向遗产保护和文化传承的方向发展，乡村遗产不再只局限于单一的乡土建筑和文物古迹，而是涵盖了自然和文化两大层面，是不断进化的活态遗产。

在这样的客观导向环境下，如何保护文化遗产，在输出乡村价值的同时避免单纯的、模式化的旅游开发，协调保护和发展两方面，推进乡村发展的进程，成为我们应该重点思考的问题。

国内外学者有关中国乡村的研究涉及地理学、生态学、人类学、社会学、历史学、民族学、城市规划、文化遗产、文化景观等众多学科和领域，研究内容包含乡村社会秩序、乡村人际关系、乡村文化、乡村文化遗产的保护和利用、乡村生态环境、生态博物馆、乡村文化景观、乡村治理规划等各个方面，研究维度涵盖了自然、社会、人、时间与空间、物质与非物质等层面。目前，对于乡村文化遗产的研究正处于发展的阶段，如何认识文化体系的价值，并将其诉诸解释传播手段的研究和实践还有进一步深化的空间。

一、文化遗产与国际公约

在这方面，我们可以聚焦于约翰·梅利曼的论述，在过去的几十年里，他的文章对于形成文化世界中非常重要的一部分——艺术与法律的碰撞起到了显著的作用。在文化财产的两种思考角度方面，梅利曼认为本地文化遗产的立法几乎没有任何功效。他指出，当这些文化遗产仅仅关乎宗教物件和人体遗骸时，它们才会产生功效。因此，他质疑这些物件所代表的角色在文化遗产中的重要程度，并在艺术和手工艺品中寻找一种相对自由的贸易形式。

梅利曼认为，从两份国际公约，即1954年《海牙公约》（《关于发生武装冲突情况下保护文化财产的公约》）和1970年《关于禁止和防止非法进出口文化财产和非法转让其所有权的方法的公约》的措辞中可以捕捉到两种角度的显著差异。梅利曼将1954年《海牙公约》中的序言看作将目的的高尚性的具体化。

这其中的关键词是"全人类文化遗产""世界的文化"以及"文化遗产"。在梅利曼看来，1954年《海牙公约》所产生的影响远超其责任，并被缔约国所接受。它传达了一种在国家利益之外，对于文化财产总体利益的世界主义观念。世界主义鼓励在资源所在国之外对文化物件进行共享，以及将早期文化成果向更广泛的受众展示。然而，文化特殊主义妨碍了它。梅利曼所说的另一种角度，即特殊主义，在1970年公约序言中被明确表述："考虑到文化财产实为构成文明与国家文化的一大基本要素，只有尽可能充分掌握关于其起源、历史和传统背景的知识，才能理解其真正价值。"

因此，尽管梅利曼欣赏莫斯塔卡斯对待雅典帕特农神庙额尔金大理石雕（帕特农神庙雕像被当作尚存的希腊早期艺术的最佳典范）的方法的严肃性，仍将其视为"实际上"是"拜伦主义的重蹈覆辙"。正如梅利曼所表述的，特殊主义对国家文化遗产领域的思考角度，是将世界分为资源国和市场国，资源国通常是第二或第三世界国家，而市场国是第一世界国家。那么，接下来就涉及文化遗产从经济不发达国家净流出，因为这些国家在之前几个世纪经常是殖民开发的对象。由于经济和历史发展不平衡，所以产生了一系列的困扰：如何阻止对发现的考古材料进行篡改或者破坏，如何建立一种国家成就感，以及如何纠正过往的错误。

梅利曼指出，这一语境化的诉求，仅适用于在所有交易中被非法出口的文物，这虽然很重要但占比很小。如此强烈地关注物件在语境中的优越性，鼓励文物保留者进行如下思考：把文化艺术品当作一种对外交的伤害。这也不会必然限制非法贸易——它还取决于接下来的形式和路径。假定众多作品现存于海外博物馆以及被海外收藏是不妥的，那么就应将文物遣返原始国。他指出，在当地制作的物件归属当地，或者早期艺术家创作的作品应该被保留或归还到这种文化的传承人的领土范围，或者一个国家的现政府应该具有将艺术品在历史上与人民和领土联系起来的能力，但这都并非是不言自明的。

梅利曼认为，关心那些具有象征价值物件的"流失"有点夸大其词，因为它们中的大部分已经为公众所有。他同样相信，考古学家、民族志学家以及艺术史学家更倾向于特殊主义，因为他们强调文化语境，并且似乎要求所有输入市场国的文物应该同时具有原始国的出口允许。虽然允许两种思考角度同时有效，但梅利曼仍然希望在冲突发生时，世界主义的观点占据优势。在国际法中新近出现的概念"人类的共同遗产"，为国家保护全人类的文化遗产所单独或共同采取的一整套措施提供了良好的基础。这个概念同样可以证明具体的"国际"文化遗产的建立，它是一种新型财产，就其本身而言，其归属于国际社会，由国际机构进行管理。1972年，联合国教科文组织的《保护世界文化和自然遗产公约》促进了世界遗产概念的形成。该公约对于传播这一概念非常重要，但它自身的建构源自一系列的早期资源。

梅利曼指出，由于民众会因各种自然的和值得赞赏的原因而对文化事物尤其关心，因此，朝向民众的、以对象为中心的公共政策才会令人满意。这些政策的总体目标应该是保护、真实性和使用。如果保护和使用发生冲突，保护优先；如果真实性和使用发生冲突，真实性优先。在以对象为导向的文化财产政策中，强调的是三者概念性的分离，但实际上，应相互联系地考虑它们之间的关系，对于保护、真实性和使用来说，其重要性呈降序。最基本的应该是保护，保护物件及相关环境免于受损。接下来是对该物件及相关环境可以提供的知识、文化和审美真实性的追寻。最后，我们希望这些物件可以被学者（用于研究）和公众（用于教育和欣赏）有效利用。

正如梅利曼在其他地方提到的，任何文化财产政策的基本要素首先应该是在物理上保护这些文物本身，如果我们不关心它的保护，对于我们来说，它就不是文物。

我们需要注意工具价值和内在价值的区别。梅利曼的政策是工具主义导向的，其中，保护和使用是为其他内在物品服务的，但"真实性"既可以是工具价值（提供协助保护的信息），也可以是内在价值。如果它们都是工具价值，那么最高价值保护就仍服务于内在物品，包括知识、审美经验和宗教信仰这三个我们认为与文物最相关的方面。如果文物被毁坏（共享的仪式行为的一部分除外），就没有内在性可服务。因此，如果文物到了间歇性或持续危险的程度，也必定有理由给予保护优先权。即使保护超越知识作为工具价值，但它也不能超越知识成为内在价值。于是，对于个体来说，不论是为自己，还是作为集体或机构的一部分，这都为他们优先考虑相关知识、审美经验和宗教信仰的重要性留下了更多空间。

收藏者通常将审美价值置于知识价值之上，而考古学家相应地会关心非法挖掘，更可能将知识价值置于更重要的地位上。这可以有两种理解方式：一种是作为一种个人排序，个体会考虑对他们来说更为重要的一个或多个基本价值；另一种是作为一种工具性排序，如为了实现某一特殊目的，人们会认为给予知识价值超越审美经验的优先性是更有用的。

其实乡村非遗具有多重价值，存在价值排序的问题。这个认识确实有必要，需要专家进行梳理和科学排序。如果没有正确的排序，我们在利用过程中就会存在问题。

我们将视野放在国际方面。珍妮特·格林菲德采取了与梅利曼相反的方式。她同样认为，伴随着非法交易和文化财产的物质回归（可能和非法交易有关，同时也是一个历史问题），保护仍是关键的和需要持续关心的问题。她特别关注的焦点在于公平，关注那些文化物件被武力、不平等条约、盗窃或欺骗等方式夺走的案例中的正义举措。因为财产是所有权的主体，所以文化财产也必须是归属于某人的。因此，"全人类的共同遗产"这一概念在归还文物的语境中显得分量颇轻。仍需要有一系列限制来确定文物归还必须考虑到的那些事情，这可以通过一个"狭义的参照标准"达成，凭借它可以筛选出何为真正的文化珍宝，如例外的或是独特的地标文物。其看法的中心是，确信巨大的不公平被卷入了对特定群体有深意的物件的转让中，而且这经常在战争或殖民侵占的情况下发生，应该通过法律工具进行补救。格林菲德认为，更多历史性的而非当代的占有应该被广泛适用的国家立法和国际立法充分覆盖，她尤其强调道德诉求的力量。虽然文化珍宝的回归和文化身份紧密相连，然而，接下来还要解决"原产国"的问题。她认为，这些回归，在被单独评估的情况下，要对创作这些物件的人、他们出于何种目的创作、创作地点以及随后获取的方式予以考虑。

1983年9月，在政府层面要求归还帕特农神庙额尔金大理石雕的一个月前，欧洲理事会呼吁，成员国政府需要认识到，欧洲的文化遗产属于整个欧洲，并确保这种遗产的多样性在每个国家都可被轻松地获得。格林菲德这样回应，这一论点忽略了另一个地理因素，因为有时候文物或许并不都属于一处特定景观中的民众。更简单地说，理事会将共性置于差异性之前，大理石雕是雅典古代文物的一部分，希腊人民是雅典共和国本土的后裔和继承者。古希腊文明、雅典和大理石雕之间的联系仿佛是必然的，它甚至不能承受与任何可能的联系（英国或许拥有一些古希腊石雕，从离本土千里之外的地方搬运过来）进行比较。

梅利曼则用一个源自英国的诉求来达成平衡：它们帮助英国定义自身，启发英国艺术，给予英国人身份和共同体，使英国人的生活更为文明和丰富，增长英国人的学识。也许有人会争辩，在这些条目中，相比于英国的诉求，希腊的诉求会更加（或没那么）有力，从相对平等的角度来看待这两方立场也并非不合理。

其他作者则一直在寻求可以与环境问题相比较的讨论。1992年，林德尔·普罗特和帕特里克·奥基弗提出，"文化财产"这一术语应该被"文化遗产"取代，这不仅是因为后者具有更深远的知识性概念，还因为在此范围内的内涵会更丰富，限制也更少。普罗特还呼吁一种新的法律种类——"文化遗产法"，以便与环境法平行。

许多问题对他们来说是同时存在的。污染就是其中一个问题：在工业活动影响下的考古遗址退化以及文物的急剧恶化（大理石的病变就是当前尤其需要关心的）。另一个问题就是在公共使用和保护之间实现适当平衡的需求，以及在城市规划和其他规划时对文化遗产价值的适当考虑。

凯伦·沃伦也提出了类似"不可再生资源"的论点，她将文化遗产视为在环境中濒临灭绝的物种，是不可再生的，也不是任何人的财产，因此我们就是它们的管理人、监护人、守护者、保护者或是托管人，它们的保护和保存是我们所有人的集体责任。因此，我们应该说濒危的文化遗产、濒危的文化历史或者濒危的文化。与梅利曼一样，沃伦强调保护是最主要的。与格林菲德一样，她主张合法的文化遗产应归还至原产国。然而，艺术作品和文化实践既不是热带雨林也不是澳大利亚的考拉，马丁·霍利斯认为，人类社会生活和自然规律需要不同的应对方法。

当有人希望如同保护濒危物种一样的进行文化实践时，也有人乐意看见某些"难以忍受的"实践消失。并且，正如迈克尔·布朗所指出的，尝试保护和控制乡村文化会产生无法预期的结果，这有时会紧随善意的立法而发生。他引用1997年联合国《原住民遗产保护》报告作为例子，认为该报告的作者接受了文化完整性的概念，并提出了"遗产整体性保护"的概念，在这个概念里，一个社会被认为应拥有自己的遗产，即那些属于不同身份的人的所有东西，以及如果他们愿意，可以分享给他人的东西。

另一种关于有价值的资源的使用和控制之间的争论，就是依据自由意志主义者、自由派和社群主义者之间的分歧来看待这个问题。这三个"阵营"本身并非是同质的。例如，一些自由世界主义者和自由派，以及一些"左派"和"右派"的社群主义者，将个体看成更具有社会依赖性。

就像梅利曼看待世界主义者和特殊主义之间的争论一样，实际上，这两种角度经常会被同时提及。因此，在1972年公约的序言中，我们发现"人类共同的世界遗产""世界各国的遗产"以及"世界的遗产"与"这种独特、不可替代的财产"仍然属于特定人群（属于它可能归属的任何人）。

我国在工作实践层面的"文化遗产"概念，也基本是按照签署这些公约的先后顺序而逐步完善的。在公约缔约前，有关文物、遗址等是在文物保护的工作序列，有关民俗、民间文化则是在民族民间文艺的工作范畴，如国家文物局推动的国家、省、市、县四级文物保护体系，文化部联合国家民族事务委员会、中国文学艺术界联合会开展的"中国民族民间文艺集成志书"工程等。与当下在国际组织层面仍旧未给出一个整合性的"文化遗产"概念不同，我国政府在签署了这两个公约，并在这一领域开展工作后比较明确地提出了完整的"文化遗产"概念。2005年《国务院关于加强文化遗产保护的通知》中明确指出，在一般民众层面，谈起文化遗产，也大多认同文化遗产包括物质文化遗产和非物质文化遗产。虽然在工作层面，在申报世界遗产、申报非物质文化遗产代表作名录时仍旧有各自的机构、渠道，但在民众认知层面则没有这么明晰的区分。我们这里谈文化遗产保护与社会发展也是采用这样一种整合性的文化遗产概念。

以此概念回溯我国改革开放以来的文化遗产保护工作，考察我国文化遗产现状，可以看到非常鲜明的一个重新发现遗产价值的历程。在以发展生产力为核心的20世纪80年代和90年代初，文化遗产相关的工作虽然也搭上了改革开放的春风，焕发出生机，庙会、节会等众多传统文化活动恢复，古建、遗址等修复并保护起来，呈现出一种传统复兴之势。但在当时发展观念的指导下和当时百业待兴的现状下，这一工作进展缓慢。20世纪90年代后期，我国全面建立市场经济体系和更加深入地介入世界贸易，现代化、城市化的诱惑力越发强大，实现经济发展的目标成为全民的追求。这期间文化遗产保护的处境非常尴尬，有的被当作一种发展经济的资源，被包装、使用；有的被当作一种阻碍，阻挡了发展的进程；有的则被当作可有可无的存在，在需要做出利益抉择时首当其冲地被抛弃，当然也有的被珍视和收藏。但是随着发展的矛盾不断产生，发展的协调性、科学性还不够，诚信缺失、社会失序等各种弊端不断涌现，再加上国际层面文化遗产保护和发展观念的深化，人们开始意识到这些问题与在发展过程中忽视文化有关，文化流失、文化碎片、文化断裂的危险性得到认识，因此也就有了近十年来文化遗产保护的迅猛发展。

二、文化景观的方法论

本书在这里以国际视野为出发点对乡村文化遗产进行研究。在上文中，本书通过不同的维度，探讨了文化遗产与国际公约方面的内容。下面本书主要从文化景观的方法论方面进行论述，并在此基础上探讨乡村文化遗产的保护与可持续发展内容。

在1992年于美国圣菲召开的联合国教科文组织世界遗产委员会第16届会议上，文化景观被联合国教科文组织世界遗产委员会认定为一种具有"突出普遍价值"的遗产类型，并在《实施世界遗产公约操作指南》中将其分为"人类有意设计的景观""有机进化的景观""关联性文化景观"三个基本类型。学术界通常认为文化景观由自然和人文两个维度组成，是人类与自然在漫长的历史发展过程中相互作用、相互适应形成的共同作品。在我国，虽未有"文化景观"这一具体的概念，但自古以来对于山水风貌的关注、因地制宜的生存理念以及人与自然和谐相处的价值观便一直根植于我们的文化发展脉络中。关于文化景观最为经典的一种定义来自美国地理学家卡尔·索尔，在《景观形态学》一书中，他认为文化景观是由特定的文化族群在自然景观中创建的样式，文化是动因，自然地域是载体，文化景观则是呈现的结果。他强调人类和自然之间的相互作用，以及这种作用过程的时空延展性。此外，文化景观也具备了活态性、地域性、继承性等特征。

文化景观的形成多依托于聚落，在聚落中分布最广泛和最常见的基本形式便是村落。国际古迹遗址理事会文化景观委员会与国际风景园林师联合会通过的《关于乡村景观遗产的准则》中认为，乡村景观是人类遗产的重要组成部分，是"能持续使用土地的特殊手段"中的一种，也是延续性文化景观中最常见的类型之一。乡村文化景观包含了人类与自然环境之间交互作用的多种表现形式，并处在有机进化演变的过程中，也正因如此，其更具活态、动态的特点。

2008年10月，在贵阳召开的"中国·贵州——村落文化景观保护与可持续利用国际学术研讨会"上，有学者认为，村落文化景观是自然与人类长期相互作用的共同作品，体现了乡村社会及族群所拥有的多样的生存智慧，折射了人类和自然之间的内在联系……是农业文明的结晶和见证……提倡要整体保护村落人居环境和文化记忆，且强调了村民的重要性。

村落中的生产、生活受自然生态环境影响，人与自然的互动发挥到了极致，用看待文化景观的眼光来分析村落，是较为理想的一种模式。在保护乡村文化遗产和促使其可持续发展的过程中，我国很多学者也借鉴国际上的文化景观的概念，从而对于乡村文化遗产进行更为深入与全面的探讨。

三、生态博物馆的视野

在如何将具有活态性的乡村文化遗产展示出来方面，生态博物馆的理念可以借鉴。自"生态博物馆"这一概念于1971年在国际博物馆协会第九届大会期间诞生以来，对于其定义，不同年代、不同地区的众多学者从各种角度进行了广泛的探讨和实践，较为广泛认可及采用的便是里维埃提出的"进化"的定义。与传统经典博物馆将文化遗产归置于建筑物中陈列，割裂了文化遗产与原生地和原生环境之间的联系不同，生态博物馆更强调文化遗产保护的真实性和完整性，希望能在特定的社区中对其所拥有的活态文化和自然遗存进行研究、保护和阐释。生态博物馆的范围扩展为整个社区区域空间环境，以"人"为核心取代以"物"为核心，致力于社区发展，其中当地居民成为参与收藏、管理的重要角色。

历经萌发、探索和扩展，生态博物馆理念的种子在世界各地生根发芽，诸如图顿生态博物馆、美国亚克钦印第安社区生态博物馆等项目的本地化实践皆各具特色、可圈可点。

"生态博物馆"这一概念于20世纪80年代开始进入我国。最初，我国与挪威合作，选定贵州梭嘎、镇山、堂安和隆里四处作为首批生态博物馆的兴办地点。1998年，我国第一座生态博物馆——梭嘎苗族生态博物馆及其资料中心建成开放，迈出生态博物馆建设的一大步。随后，贵州先后建成并扩大了生态博物馆群，成为我国生态博物馆发展的重要省份。除此之外，我国生态博物馆事业也在其他省市蓬勃发展，并逐渐形成了以西南地区为代表的"生态博物馆"和以东部沿海地区为代表的"社区博物馆"齐头并进的发展态势。在丰富的实践中，我国也总结出了以"六枝原则"为代表的生态博物馆建设实践模式，对生态博物馆事业的发展具有重要意义。

总的来说，在国际视野下的文化遗产阐释的目的在于，告别单纯地呈现文化遗产本身的方式，开始强调文化遗产背后蕴藏的丰富的历史文化活动和思想观念，以有效的叙述方式传达给受众。这不只是对乡村文化遗产的保护，更是对集体记忆的保存，同时可用于培养村民的自主性。本书这里对于国际视野下文化遗产的保护的探究希望可以促使广大读者开阔自己的视野，在乡村文化遗产保护中做得更为深入与全面。

第二节　文化自信视角下的乡村文化遗产的价值阐释

乡村文化遗产是活态的文化遗产，所以我们要保护的是一个历史过程，而不是一个断面，不能把活的过程切掉变成死的断面。在保护乡村时不能让它停滞在某一个时期，而是要让其遗产价值在得到提升的同时也让社区得到发展，让当地人得到实惠，这才是最根本的目标。这一目标不可能是一蹴而就的，而是需要更多的时间来落实。现在把民居改造成民宿或者酒吧让外来者体验是一种方法，但是可供利用的民居毕竟是少数，获益者也是少数，其他大量的民居、大多数村民的利益怎么解决，需要我们进行思考。

随着时代的发展，乡村的变化是必然的、常态的，这个过程也正是乡村文化遗产活力和生命力的表现。特别是现阶段中国城市化正在迅速推进中，乡村文化遗产的保护与管理会遇到许多意想不到的新挑战。所以，如何提高我们解决问题的能力，找到恰当的解决办法，并建立一套行之有效的应对机制，是对我们这代人的严峻考验。

2018年3月8日，习近平在出席第十三届全国人大一次会议山东代表团审议时指出，要推动乡村文化振兴。习近平指出，山东要充分发挥农业大省优势，打造乡村振兴齐鲁样板，要充分挖掘传统农耕文化底蕴。这不但为山东也为全中国的乡村指明了前进方向。我们必须落实好习近平指示，推动乡村建立文化自信，满足人民对美好生活的向往，助推乡村振兴战略实施。

一、乡村文化自信对乡村振兴战略的重要意义

乡村文化是村民的精神家园，它包含道德情感、社会心理、民间习俗、非标准行为方式、理想追求等，是乡村在历史悠久的农业生产和生活实践中逐步形成和发展起来的乡村的生活章法等。

乡村文化自信就是指乡村社会主体对乡村文化的一种信心、信念，是村民对传统文化价值和自身理想信念的认可，是对乡村文化生命力及其未来前景的充分肯定，是一种发自内心的文化自信心和自豪感。

党的十九大报告指出，要充分坚定文化自信，推动社会主义乡村文化繁荣兴盛；要实施乡村振兴战略，加快推进农业农村现代化。要贯彻落实十九大精神，就要把繁荣发展乡村文化作为解决人民日益增长的美好生活需要和不平衡不充分的发展之间的矛盾的重点举措，坚定文化自信、增强文化自觉，为实施乡村振兴战略提供文化支撑。

二、乡村文化自信的实现路径

乡村文化自信是顺应广大村民美好生活需要的新期待，是实现乡村振兴战略的必然选择，也是保护乡村文化遗产，促使乡村文化可持续发展所不可忽视的一个部分。我们可以从以下几个路径提升乡村文化自信。

（一）加强乡村思想道德水平建设

村民思想道德水平的提高，对于其清醒认识人生的价值、生活的真谛有积极的作用。这样村民就更加清楚如何实现人生的价值。

（二）保护传承当地乡村文化遗产

广大乡村蕴藏着富含历史价值的文化遗产。其中，非物质文化遗产有民间音乐舞蹈、民间艺术、口头传说、传统戏曲、饮食文化等，物质文化遗产有古代文化遗址、历史名人故居、古建筑等，都可以在提高文化自信的过程中发挥十分重要的作用。

（三）支持群众性乡村文化艺术活动的举办

参与文化艺术活动是培育主体自信心的重要手段。要支持文化艺术活动，如表演、音乐、舞蹈、美术、戏剧、摄影、书法等在乡村发展，使村民发挥自身的潜能，提高自信心。

（四）利用各种媒体进行乡村文化品牌的宣传

依托传统媒体的公信力与权威性，赋予乡村文化品牌文化价值，利用新媒体全覆盖、高效率、精准化等传播优势，将乡村文化品牌进行及时、深度传播，使乡村文化品牌的传播效果达到最大化。

（五）优化乡村旅游产业的经济开发

围绕有基础、有特色、有潜力的产业，建设具有历史记忆、民族风情、地域特点的特色小镇，形成以农家饭、农家特色民宿、农耕体验、乡村手工艺展览等为特色的旅游衍生经济，形成具有当地独特风格的、系统的旅游产业。

（六）拓宽对外开放交流途径

优秀的传统乡村文化是中国优秀传统文化的渊源之一，我们应该以一种包容开放的心态，积极吸收世界上其他优秀的乡村文化，同时也应该将城市文化中先进成分融入其中，取长补短，兼收并蓄，丰富乡村文化内涵。

第三节　城市化进程与乡村文化遗产保护态势

一、发达国家城镇化发展规律

从发达国家城镇化发展规律来看，伴随着城镇化的退潮以及逆城镇化的兴起，乡村普遍出现了从单纯的村民居住地变为城乡居民共同居住地的转变。国家乡村振兴的一大战略目标亦在于将乡村打造成为新的宜居型居住地。根据住建部原副部长仇保兴等人的预判，中国的城镇化峰值将出现在70%左右，而并非像以往人们所推测的达到85%以上。这个预判有两个依据：第一，中国是一个农耕文明历史悠久的国家，与城镇化率达到85%以上的美国等新大陆移民国家相比，农民对于土地的黏性要强得多；第二，农民工数量趋于稳定，每年从乡村进入城市的人口正逐步减少，55岁以上的农民工返乡数量快速增长，逆城镇化现象加剧发展。70%峰值的城镇化率意味着未来至少还有5亿人居住在乡村，因此乡村振兴正当时，乡村振兴必须为这5亿人提供一个适宜生产、适宜居住、适宜旅游、适宜养老的新空间。

法国是欧洲著名的农业大国，第二次世界大战以后，法国进入了重建和振兴的新阶段，从1945年到1975年，史称"光辉30年"，也是法国城镇化率快速增长的时期，城市人口比重从1946年的53%增长到1975年的72%。和大多数快速城市化的国家一样，"光辉30年"期间，法国乡村地区的人口持续减少，农业人口老龄化现象严重。但从1960年开始，越来越多的年轻人开始返回乡村地区工作和生活，特别是回到文化和自然资源较为丰富的法国西部和南部地区。1970年以后，逆城镇化现象进一步凸显，随着法国政府加大对乡村振兴的扶持力度，乡村的自然空间得到保护，住房条件、基础设施还有公共服务水平与城市之间的差距大为缩减，一些乡村因为生态环境优美、设施齐全、住房价格低廉开始吸引城市人口迁入。

法国乡村开始从单一的农产品生产地转变为休闲旅游目的地、生态环境保护地和城乡居民共同的居住和休憩地。大城市郊区机动化水平的提升使城郊乡村地区成为人口回迁的主要目的地。这些地方集中分布在巴黎150～200千米以及距离地区级大城市50～60千米的范围内。除此以外，地中海沿岸、著名的风景区周边（比利牛斯山区、阿尔卑斯山区等）吸引着越来越多的城市新移民的迁入与旅居。"二套房"就是一个很好的佐证，法国人热衷于购买城市主要住宅之外的第二套房以用于乡村度假，而这些房屋一般都设置在风光秀美的沿海及山区周边。有数据显示，法国乡村地区的二套房比例在1961年只有9.1%，这个数据在1984年攀升至23.3%。每当夏季度假期或者冬季圣诞季来临，长龙一般的车流会从巴黎等大都市涌向这些乡村度假地区，法国人会花上2～4周的时间度过一个宁静舒适的假期。

在法国乡村地区居民的结构组成上，退休养老人员以近30%的比重成为乡村居民的第一大群体，远远超过了农民群体，后者的比重仅有20%。低成本的宁静乡村成为法国城市退休人群的旅居首选地，可见叶落归根并非中国人独有的情结。城市中高层管理人员、雇员和工人也热衷于在乡村寻找居所，人们迁移的考量因素开始由以"经济因素"（如收入水平、就业机会、失业率等）为主转变为以"生活质量"（公共服务水平、气候、污染、生活成本等）为主。

法国的广大乡村已经成为城乡居民共同的居住地。这种出现在发达国家的普遍的规律性现象可能会在中国的未来重演。而以村落、田园、小镇、风景区等为背景的乡村养老模式无疑会在乡村旅居现象中占据重要的位置：一方面，随着乡村振兴的深入，乡村基础设施、公共服务设施的不断完善，乡村宜居的水平将随之提升；另一方面，随着乡村宅基地的市场化改革的持续推进，城市人群特别是退休养老人群将在乡村找到安养的居所，这个大趋势将爆发出巨大的投资商机。

二、我国城镇化现状与乡村发展

从社会经济发展大趋势来看，我们国家还处于快速的城镇化过程当中。在过去的几十年间，城镇化率提高了20%，按14亿人口计算，约有3亿农民进了城。按照国家的目标，未来30年仍将有20%的农民进入城市，城市化率要接近70%。现在，很多学者都在担心城市化率达到70%之后会落入"中等收入陷阱"，故而都在研究这些问题。就这个速度而言，未来30年还有无数的农民要进城。例如，贵州有3500多万人口，换算一下，约600万农民要进城。如果一个村有600人，将近1万个自然村落会消失，这是不可阻挡的。乡村文化遗产保护也好，文化景观保护也好，传统村落保护也好，这个村子怎样才可以留下来？村落的自我生存和可持续发展能力应是第一位的。

现在普遍的情况是，村民1/3长期在外打工，1/3在当地打工，1/3驻留农村，驻留的又以老人为主。再过30年，老人去世了，还有多少人会留在村里？村里人会更少。这还只是平均数，有的村出去的人更多。关于这个大趋势，我们需要反过来看一看，村落的核心价值究竟是什么？怎么去保护其核心价值？在弄清楚这些问题的基础上，我们需要借助其核心价值，在保留核心价值的同时培养村落自我发展的能力。

其实村落演变成今天这样是多年来村民自己选择的，背后依靠的是村落管理的机制。中国的城市为什么演变成现在这样？这是房地产开发的机制所致。以前都是单位建房，是一种城市景观，房地产开发造成了另一种城市景观。从乡村的物质层面而言，其发展背后都蕴藏了社会机制、土地制度等问题。所以有学者认为，中国传统村落之所以形成今天这样的局面，背后一定有其深刻的社会经济的根源，而这个根源涉及土地制度、房屋制度、改革制度等。我们暂且不说如何改变大的机制，这些机制的形成不会仅仅考虑保护文化景观这件事，国家有更宏观的考量。现在的问题是在现有的机制下我们能做些什么。机制改变了，村落的景观、文化、社会、经济都会随之改变。乡村文化遗产是活态的，不是一成不变的，但今后会变成什么样？

第一，我们可以多想一想下一步可以做什么，再下一步可以做什么。我们想不到未来二三十年怎么做，但是可以想到未来两三年之内怎么做，在此期间将风险降到最低。第二，传统乡村自我生存、自我发展能力的培养这方面怎么做，这里主要涉及乡村社区、乡土社会等。其实村落文化景观的形成就是乡土社会发展的结果，不同地方乡土社会的结构不一样，它的机制、运行的方式和价值观也不同。我们从建筑角度来讲，如自然环境、自然资源和自然材料会影响建筑的形态、工艺、造型和风格，这是在乡土社会发展之下的一个结果。

乡村的现状肯定跟它的历史有关。几千年来，我们整个国家就是以乡村社会为主体构成的，而村落的大变革是在非常短的时间内形成的，这是一个前提。在变革过程中，作为乡村社会的乡村主体是不断被弱化的。中华文明经历几千年的发展，之所以一代代稳定地传续下来，是乡村社会稳定演变的结果，不管其间经历了多少磨难。

第一，在近代以来的大变革中，乡村非常被动。在现有的国家制度和阶段性发展目标下，至少存在三种力量与乡村进行互动：第一种是政府运作的力量——正在改变乡村、影响乡村；第二种是村民的力量；第三种是资本力量。在政府力量、村民力量和资本力量下，乡村一直被动的那一方。

第二，在社会大变革过程中，城市的变革及城市化等方方面面都与乡村息息相关。这是我们一定要清晰认识到的。因为卷入巨大的变动与发展过程中，所以各地的乡村形成了不同的发展模式。有的模式发展迅速，许多村落一夜之间就富起来了，而有些偏远地区——如整个西部——相对而言对传统文化保存得多一点，是因为它参与到变动中的力量不够，发展也就不足。众多乡村走的发展路径多种多样，唯一相同的是传统社会的瓦解。原因很简单，在各种变革中并没有出现具有主体性的乡村社会成为一个主要角色的情况。广东也罢，浙江也罢，发展得较好的都是以个体为主体，而不是以整个乡村社会为主体。乡村社会很多是在发展过程中被打散的，或者说在打散之后才能够发展，其中唯一相同的是乡村社会的瓦解。

第三，如果我们发现哪里还有较为完整的传统乡村社会，还是值得保存的文化遗产，那么基本是由于它加入不了这种大的变革。这不是有序的、有组织的、有机的、循序的变动，而是运动式的、急剧的、极具中国特色的变革，村民、乡村被赋予某种品牌或被确认为某种角色。乡村社会瓦解，从这一点上来说，是较悲观的。

三、城市化对乡村的影响

人们对乡村是有一种想象的，这种想象是后工业时代人们对乡情的一种追忆。特别是最近几年来，许多对于乡村的判断都源于想象，包括乡村生活。什么叫作乡村？乡村是农耕文化背景下的自给自足的乡居生活，它构成了乡村所有的景观面貌、风俗信仰及其附带的一切，如围绕二十四节气融汇在一起的生产和生活方式。但事实上，在过去的一二十年间，这种方式早已改变，农业已经不是很多村民的主要生计了。现在，乡村有很多人外出务工。浙江、广东都有"地扪村"，几百人生活在小镇里，在那里形成聚居区，其实这也是一种离村的生活。在春节、没有工作的时候，他们再回乡。他们的生活方式已经发生了很大变化。但是我们现在所讲的乡村，很多还是基于原来农业视角下的乡村。为什么有人会把田地占了拿来修房子？为什么对于传统有所改变？因为他们对土地的依存度越来越低。村民还是比较勤劳的，将土地看得比较重，即便如此，很多的田也已经没有人种了。村民的主要收入来源是外出务工。很多人之所以对乡村还存在一种乡愁的投射，其实是处于后工业时代对乡村的记忆之中。人们可能忽略了，乡村的经济方式已经发生了根本性改变，农业已经不再是村民主要的生产方式。

最近几年，政府加大了对乡村的经济扶持力度，尤其是实行扶贫政策。未来30年是乡村走向城市的30年。随着交通等的发展，乡村很可能会越来越少。有报道称，黔东南就有3300个类似于堂安的小村子。其实很多传统村落没有经过严格的筛选，是低门槛入选的。

乡村的变化，除了我们看得见的风貌以外，更有村民对物欲的躁动，这个躁动是村民打工回来有钱以后物欲的一种膨胀。村民房屋修得住不完。很多老人都说，以前我们修的房子中间都有一个缝，有一条通道可以走，现在巴不得墙和墙都连在一起，一点儿都不让。

在城市化进程中，各地乡村农业收入不再是经济收入的主要来源是一种普遍现象。现在乡村主导产业不是农业也不奇怪，最典型的是徽州。徽州历史上一直是人多地少，当地有句名谚"前世不修生在徽州，十三四岁往外一丢"，当他人十三四岁就出门做生意了。徽州经济来源不在于土地收入，而在于商业收入。"无徽不成镇"，明清时期天下没有一个镇没有徽州人。但这些情况并不影响其民俗传承，徽州没有衰败，仍然生机勃勃。人赚钱后落叶归根，资金回来了，人也回来了。建设徽州民居的钱是在外赚来的，土地收益很少。

我们也应该看到城市对于乡村的重要意义。随着社会经济的不断发展，一些城市居民越来越向往理想中的生活，有对"采菊东篱下，悠然见南山"的生活方式的追求。在乡村改造的同时，要保留原始的农耕文化特色，给人们心中的乡愁一个情感寄托的归宿地，农耕文化中的淳朴与自然的气质可以给乡村景观设计带来活力，把农耕文化融入乡村景观设计中，要充分利用农业生产工具打造富有乡村气息的村民生活场景，同时关注手工艺文明的传播，保护非物质文化遗产，以农耕文化为基础，在设计手法上要具有整体性和大局观，懂得灵活变化，使生态农业景观与乡村旅游景观和谐发展。由于我国乡村景观改造存在一些片面化的形象工程，重形式、轻文化，使许多具有时代意义的乡村日渐凋零，这就要求设计师在进行乡村景观改造时要充分挖掘当地农耕文化特色，打造艺术价值、审美情趣和经济效益并存的乡村景观。

四、乡村对城市未来发展的意义

在中华传统文化近百年工业化、现代化的进程当中，我们现在仍处于重构、探索的过程中。我们想树立中华文明的自信、中华文化的自信，但是，当代中华文化，特别是思想文化是需要寻找根源的。这也正是习近平同志所说的，我们要在传承中创造性转化、创新性发展。他提出了非常有见地、非常有指导意义的"两创"精神。

结合实际来说，问题就是乡村对城市的未来到底有什么意义。中国很多现代化城市的兴起只有几十年，不超过一百年，很多小城市仍在造城、建城的过程中。城市中的群体很多是从乡村中走出来的，这些人没有很快就融入现代化城市的环境中，而是带着乡村文化的固有观念和背景在城市里构建新的群体关系及城市文化。就这点而言，研究乡村、研究好乡村、梳理好乡村的价值对今天的城市化建设有特别大的作用。在中国谈城市建设是离不开乡村的，谈乡村建设也指导着未来的城市建设。所以说，我们要清楚乡村对中华文化构建、对城市文化构建可能有的贡献，这是大的方面。另外，做乡村保护的工作，光谈保护的理念，不研究发展，是做不好的，特别是对于中国今天的乡村文化遗产保护而言，我们一定要研究其发展。

随着时代的发展，乡村的变化是必然的、常态的，这个过程也正是乡村文化遗产活力和生命力的表现。乡村文化遗产与人类活动密切相关，对变化中的人与自然进行合理的规划、保护和管理是乡村文化遗产工作者和政府管理部门的重要课题。

特别是现阶段中国城市化正在迅速推进过程中，乡村文化遗产的保护与管理会遇到许多意想不到的新挑战。所以，如何提高我们解决问题的能力，找到恰当的解决办法，并建立一套行之有效的应对机制，是对我们的严峻考验。

第五章　案例展示：文化遗产传承与保护的实践探索

本章从案例分析的角度，对于文化遗产传承与保护的实践探索进行了分析，主要从山西张家塔村文化遗产保护案例、浙江溪头村文化遗产保护案例、山西原平市乡村文化遗产保护案例、贵州郎德上寨文化遗产保护案例、云南恩宗村文化遗产保护与发展案例、关于案例的总体思考与分析这几方面展开。

第一节　山西张家塔村文化遗产保护案例

本节从活态传承视角，对张家塔村的生存价值进行活态传承的研究。首先阐述了张家塔村目前的保护现状及问题，然后提出了保护的具体方法，从生存价值的五项因素出发，改善人居环境，促进旅游就业，强调居民参与，加强对建筑及建筑文化的保护，以及对民俗文化和宗族文化的保护，强调文化认同与文化自觉，积极挖掘特色，通过持续创新，提高当地发展活力。

一、张家塔村文化遗产概述

在非物质文化遗产方面，张家塔村已经通过《张家塔民居考》《赵氏宗谱》两本书，对村内的民居和民俗进行了一定的整理和保存，此外村内部分碑文、碑志也已收录进《三晋石刻大全》一书。在文化遗产方面，2006年张家塔村民宅被吕梁市政府定位为市级文物保护单位，2009年张家塔村被评选为"省级文化名村"。

然而，由于追求经济的发展和生活水平的提高，张家塔村的各类古建筑逐渐疏于管理，许多甚至不再使用。张家塔村内的大多数年轻人则干脆迁出历史区域，重新建造新建筑使用，破坏了村落的整体布局（图5-1-1）。老旧的民居建筑相继出现开裂甚至坍塌现象，村内乱堆乱放、私搭乱建现象也变得较为严重（图5-1-2）。随着经济的发展，部分村民开始对自家院落进行翻新改造，拆除了部分坡檐、窗棂，并开始使用水泥、瓷砖等建筑材料对立面进行重整，这使村落的传统风貌遭到了很大程度的破坏。在传统公共建筑中，村内的四大城堡及城墙、庙宇等百年建筑几乎都被拆除，幸免于难的建筑也疏于管理和维护，或直接废弃或重建。例如，张家塔村关帝庙和赵氏祠堂已经被彻底翻新，丧失了原有的建筑形态；张家塔村原有的三座庙宇及宝峰寺已经荡然无存。

图5-1-1 村落内破坏性改造　　　　图5-1-2 废弃的祖宅

村内建设性破坏比比皆是。2011年，在实施水泥路面工程的过程中，因缺少专业人员的保护理念和正式规划，村落中原有的石板路面和排水明沟遭到破坏性改造，部分窑洞建筑也因渗水问题遭到损坏。总体来说，张家塔村尚采用"静态化"保护模式。这种保护模式尚处于初级阶段，以村落中建筑的保护作为全部重心，疏于对周边景观的抢救与管理，没有注重对村内的物质遗存和非物质遗存的保护，仅以书面形式进行记录，没有展开切实可行的实际保护计划和行动。尽管"静态化"的保护模式在实践中较为多见，但是从活态传承角度上评价，张家塔村尚未开展有效、有益的保护实践工作。

二、多角度的活态保护

（一）对本地村民因素的保护

应从村民自身角度出发，找出村民对现代生产、生活的需求与其传统村落物质遗存所带来的资源有限等问题之间的矛盾，并研究相应对策。通过对村民进行访谈或开展座谈等形式，深入了解村民现阶段在经济、教育、医疗、卫生、社交等各方面的现代生产、生活需求，更重要的是能够听到村民自己的声音，使村民有机会对自身文化遗产保护和发展问题提出意见及建议，由此开展对矛盾问题的关键因素、成因及影响程度的有机分析，并合理归纳村民生产、生活与村落保护、发展之间的联系，得出真正有益于村民自身发展的文化遗产资源活化保护与利用的方法。

1.促使村民积极参与

张家塔村的建筑遗存具有重要的历史价值，同时也是当地村民日常生活的场所。在张家塔村，我们不仅能目睹历史悠久的建筑遗存及其深厚的文化底蕴，更为珍贵的是，能够亲身体验到由村民创造和延续的精神形态和社会风俗。

传统村落同人一样，是"有骨有肉"的。其中，文化遗产是"骨"，由当地村民所主导的现实生活是"肉"，二者相辅相成。文化遗产不能够脱离人们的真实生活，这种真实生活本身就是遗产的一部分。

张家塔村村民的生活与张家塔村的保护是休戚与共的关系，保住当地村民的主体地位，增强村民的保护意识，提高村民的保护积极性和主动性，都是对村落进行整体保护的重要环节。在村民建立了地域特色和生活方式之间的纽带后，他们就会产生以村民自身为主体、保护和维护当地特色的保护意识，这种保护意识有利于从主观上保护自身村落的文化，有助于村落文化的整体保护。在发展旅游经济方面，应该把村民现有的生活状态纳入考量范围，只有在他们可以保持原有生活状态，又可以通过接纳旅游者的途径提高生活质量的时候，他们才会从主观上积极接纳游客，而不是一味地迎合对方而丧失真实的生活。

2.促使人居环境得到改善

首先，要改善整体环境设施。张家塔村虽然拥有历史悠久的村内道路系统，但至今缺乏完善的道路设施，多为自然形成的泥路，且由于崎岖不平、落差较大，不仅不利于通行和运输，也对保护工作和村民的生活造成了一定的影响。村内上下水设施亦缺乏建设和管理。目前，张家塔村由于地势因素，并不是户户都有自来水，部分宅院的水质也达不到卫生要求。下水设施则普遍缺失，村民至今仍向人工挖掘的土坑内排放生活污水，带来了环境污染。村内民居的冬季供暖仍以柴、煤为主且设施老旧，不仅留有安全隐患，且对当地空气环境造成了污染。有的受访村民家中还堆放了杂物（图5-1-3）。

图5-1-3　受访村民家中堆放的杂物

其次，要改善村落卫生环境。许多禽类仍在张家塔村院内甚至宅内养殖，这对村落的卫生环境不利。此外，张家塔村内缺少公厕，每家都盖有半米高的简易厕所（旱厕），没有遮篷，不仅卫生状况欠佳，也缺少私密性，如图5-1-4所示。村内的垃圾收集、处理，目前尚未提上日程，致使多数垃圾倒向沟壑，带来环境污染。村内尚未建造公共浴室，由于当地村民已经习惯了原有的卫生条件，且对环境的私密性不太在意，许多年迈的村民会在院内开放空间进行擦洗。然而，随着生活水平的提高及观念的进步，公共浴室的搭建也应纳入当地基础设施建设计划。

图5-1-4　村内普遍使用的旱厕

此外，还要改善室内环境。张家塔村民居内部的环境几乎处于无装修的原始状态，如图5-1-5所示。许多人家的建筑和院落中都堆满杂物，室内光线很差，有些民居因常年烧炭，室内白天也漆黑一片。居住者需要从观念上发生改变，他们应意识到，随着经济水平的逐步提高，生活需求也应得到丰富，从而提高室内环境的现代化，改善人居环境。

图5-1-5　村民家中内景

以上这些问题虽然必须通过经济水平的提高才能解决，但是提供引导与帮助，提出改进措施是相关人员的义不容辞的职责。

3.促进旅游就业

从发展角度来分析的话，张家塔村当前还不具备充足的旅游发展动力，不过开发价值还是比较大的。鉴于目前还不具备配套的道路条件，以及周边形成旅游资源群的条件还不具备，数字化旅游发展可能会是一个比较有效的途径，同时也符合节能环保的理念，因此节能环保类的文旅产业很有开发价值。这一点在很大程度上能够促进张家塔村的经济发展，提高村民的生活水平。即便张家塔村无法将旅游业作为其支柱产业，但发展文旅产业还是能够在一定程度上提高村民的收入的，并完善村落内的各项基础设施。另外，积极发展旅游业还能对外弘扬当地的文化遗产，让张家塔村和其他地区之间的经济文化交流更为密切，在一定程度上可促进村民人口素质的提升。除此之外，我们还可以从以下两个方面来发展张家塔村的旅游业：一方面，政府应扩大对当地旅游发展的财政投入，同时积极引导企业参与到张家塔村的旅游业发展中，加大当地文旅产业的发展力度，积极进行市场营销，让更多的游客了解张家塔村，来张家塔村旅游，促进张家塔村旅游产业的收入提高；另一方面，针对旅游利益分配问题，我们认为应多向村民倾斜，从而有效提高其生活水平。

从保护层面上来说，我们认为应在合理合法的前提下对旅游资源进行保护性开发，从而利于物质文化遗产与非物质文化遗产的各方面保护。值得注意的是，开发决不能只顾商业利益而忽略村民的利益，不应以满足游客为目的，否则，传统的保护将无法继续下去，因为不符合当地村民的发展需求。

20世纪80年代以后，世界旅游的形式发生了很大转变，从原先的旅游重点以自然风光为主发展到自然风光和民俗文化并重的形式。张家塔村所具有的村落文化具有独特的历史底蕴，并且淳朴的民风保有古时的人情关怀，具有很大的旅游开发价值。

旅游业的发展也可以促使手工业的发展，当地手工业所生产的具有当地文化特征的文化产品具有较大潜力，为带动当地经济发展提供机遇。当地风味小吃也有机会面向更多的人群，促进当地文化的传播。旅游业还可以为当地带来新的资金、人才，只有这样才能更好地保护村落，让村落文化重新闪耀。

（二）对物质遗存因素的保护

1.建筑

（1）整体风貌保护

这强调从保护原则的完整性出发，对张家塔村的生存价值进行保护。首先，通过地理信息技术，对张家塔村的环境进行要素分析，探究张家塔村的生态特征，进而探讨其生态的容量、负荷等内容，做到保护和尊重自然。其次，实施较为有针对性的保护，具体包括实现村落与周边环境的和谐相处、保证历史建筑整体形态的完整、保证街巷空间格局的完整等。

（2）保护与修复建筑

文物建筑保护与修复是为了保护和维持张家塔村的历史原真性。通过对张家塔村划分区域保护，对核心保护区保存完好的历史建筑提出保护措施与方案，对损毁和坍塌的历史建筑提出修复方案，对公共建筑遗址提出维护保养方案，三步同时进行以保护张家塔村文物和建筑的真实完整性。

第一步，对区域院落的现状进行资料收集和信息归档，包括核心区域特色院落的建筑年代、院落高度，以及目前的院落保存情况、风貌等，之后再将建筑分类并汇总信息。第二步，要建立资料库，在第一步收集到的信息的基础上，为每一个院落建立单独的数字档案，尽可能地完善档案内容，而相关的村民、工作人员和有关机构都可以通过档案了解建筑的信息并及时更新。第三步，针对各种类型的建筑制订专门的保护和修复计划，不仅做到从理论上建立修复方案，也要考虑修复的实际可行性。

（3）整治特色院落

民居建筑是张家塔村作为历史文化名村极具特色的潜在旅游资源。对村民自发设立并具有一定观光价值的旅游景点进一步整治，使现有特色景点规范化、合理化，提高游客的满意度和景点内容的丰富度。同时，对没有对外开放但具有一定参观价值的院落进行深入挖掘，注重展示古朴的北方传统院落的格局及生活状态。

2.建筑文化

（1）对建筑风水文化的保护

对于张家塔村建筑风水文化的保护，可以从三方面进行考量。一是让风水文化有据可考，即要尽可能地完善和保护相关的历史遗存，包括但不限于文字资料、名人墨宝等。二是在目前基础上对整体文化进行保留和记录，通过分析风水文化的相关资料，如建筑的风水格局和装饰、古城选址的风水要素等，尽可能地保证全村的文化完整性，让村民的文化生活尽可能完整地保留下来。三是让风水文化与时俱进，将风水文化与现代自然环境保护的理论相结合，让古城与环境的结合更加和谐，让风水文化在新时代展现不同的作用与价值。

（2）对建筑风俗文化的保护

张家塔村的传统宗教文化主要体现在建筑中蕴含的儒家文化理念和宗教功能，积极发掘文化在建筑上的表现形式，并在保护过程中对其进行严格保护和重点宣传，可以采用平面和数字媒体等多种形式，使其可视化、形象化。此外可以聘请当地村民为游客进行更为细致的讲解，通过这种形式促进当地村民同游客双向的文化传承。

（三）对生存方式因素的保护

1.民俗文化

张家塔村一直有举行庙会的习俗，虽然规模不是很大，却是其民风、民俗的充分展现。在保护民俗文化的基础上，村民还能够充分利用庙会以及祭祖活动等来进行商品销售，或组织各种独具当地风格特色的表演，从而让张家塔村的民俗文化显得更有活力及吸引力。有组织、有计划地对张家塔村现存的民风、民俗进行保护，并适当进行改善，加大宣传力度，深入挖掘当地的民间文化及民风习俗，经过合理包装之后再对外展示，这不但能够吸引更多的游客来张家塔村旅游，还能够提升张家塔村历史文化价值。

对民俗文化的保护，最重要的一点还是合理调节旅游业、服务业与村民传统生活之间的平衡，始终把满足村民的合理生存需要作为传统村落保护过程中最重要的目标，这需要政府在建设过程中做好引导与监督工作。

2.赵氏宗族文化

赵氏宗族文化是张家塔村的特色文化之一，需要得到我们的重点保护和传承，主要是《赵氏宗谱》和赵氏宗祠的保护。首先，需要建立赵氏宗祠长期保护与管理机制，对其中各种物品要逐件登记造册，并落实到文字、图片、编号、专门负责人上。其次，改建、维修祠堂必须尊重原真性和完整性，无论如何再设计，都要带有原来的风格并延续历史文脉。再次，要加强多部门之间的合作，如文物局、旅游局等，既可收取部分费用作为修缮经费，也可增加更多的渠道保护赵氏宗族文化。最后，增强生活在外地的族人与村民交流的一系列活动和举措也值得参考。

（四）对文化心态因素的保护

1.强调文化认同的重要意义

文化认同是当地村民在传统村落中长期共同生活后所形成的对本村落核心文化的正面共识，本质上是文化主体对整个文化群体所具有的基本价值的认同，代表整个村落的凝聚力，是整个村落发展活力提升的必要基础。

张家塔村有着其自身的优势，有着清晰而悠久的历史脉络，而当地村民所创造的独特文明又使整个村落拥有了历史的沉淀感。张家塔人以此为荣，遇见来访者便会侃侃而谈。但是文化是需要传承的，只有培养出具有同样文化认同感的后人，才可以使文化传承下去。人与文化遗产的相处，不仅是生物体居住于物质空间那么简单，这种物质关系作为基础是服务于人与环境之间的意识关系的，即人与环境的互动。

有调研发现，村民大多保持着朴素的民风，通常会热情接待到访的游客，同时也希望参与到各类活动中去。首先，应该结合张家塔文化对村民进行熏陶，并开展各类的民俗活动和宣传工作。其次，村委会应该重点关注旅游设施的建设，并无偿向村民开放。再次，将初期所得的旅游经费应用于村中的扶贫工作，让大家理解和认同发展旅游的意义。最后，在村民中召集文化讲解的工作人员，对他们进行文化遗产保护的教育，让他们把张家塔文化传播给每一位游客。村落文化的延续与传承离不开村民对于自身村落文化的归属感和认同感，也正基于此，村落文化才得以延续，也只有当村民对自己所属环境价值及文化有自己的理解和阐释，并能够主动平衡保护与发展的关系，这个村落的文化内涵才会长盛不衰，旅游资源才会持续发展。

2.增强文化自觉性的重要意义

从以往生态博物馆、文化生态保护村等相关实践来看，虽然这些实践对民间文化起到了积极的保护作用，但很大程度上只是实现了"就地保护"原则，而没有真正实现当地村民的文化自觉。与此同时，政府、专家等外来力量成了村落文化的代理人，而当地村民的主人公身份名存实亡。因此，相较于静态保护而言，活态保护更倾向于"社区化保护"。我们强调，应在"就地保护"的基础上保持文化的活态性，遵循一定的工作原则，如坚持人类社会文化随特定时代发生变化，与当代的经济、政治社会制度，主流价值观密切联系。因此在保护过程中，不去过分追求"文化原生态"，而是坚持以本地人、本地文化为主体的文化遗产保护理念，重视文化主体的价值取向和情感表达，使文化主体对自身文化形成观念，从而促进其实现文化自信和文化自觉，解决文化主体边缘化、传统文化变革与重构以及文化遗产保护与当地村民生存发展的矛盾等问题。

（五）对发展活力因素的保护

为了不使张家塔村遭遇余家石头村一样的处境，我们一定要注重对其新时代新文化的保护和发展。注重当地村民的生存发展需要，与时俱进，关注当地的教育、文化发展，积极开展科普教育活动，促进当地的现代化建设，形成当地自身的新时代文化。

另外，我们还要积极发掘具有张家塔村本地特色的文化风情，积极与外来文化相互融合，相互吸收借鉴，以保证当地的文化活力。

我们不是要将张家塔村打造为第二个乌镇，而是说古老的文化不能够尘封不动，任其自生自灭。在新时代，乡村应当保有自己的特色，但在保有传统特色的同时，也应该具有新时代的内容，彰显现代活力，长此以往，乡村才能够向前发展，从而带动文化遗产的保护与研究的发展。

三、结合数字化技术

（一）数字化技术探讨

1.数字影像拍摄

利用照相机对建筑遗产进行记录和保存的方式，从梁思成进行古建筑研究时就已经开始使用。自产生之日起，摄影技术发展速度飞快，时至今日，使用照相机拍摄高清图片对文化遗产进行记录已经成为最普遍和最基础的数字化技术。拍摄数字影像在数字化技术中具有独特的优势。首先，数码摄影有较低的成本和较高的效率，就传统的抄写文字资料与绘制图形来说，数码摄影的保存与传输的成本较低，传播速度快，后期处理的程序相对较少，技术运用也已经比较成熟。其次，数码摄影本身又具有真实反映对象的视觉信息的特质，是对文化遗产当下现状最直观的表达。因此，数码影像技术是传统村落数字化中最常用的手段。

在数字化实践中也大量使用了这样的手法，摄影的范围涵盖了各个方面，包括针对建筑样式和建筑结构细节的影像记录（该部分结合了传统的建筑测绘手段，用以辅助CAD图纸的绘制和作为三维建模的参考，主要包括梁顶六院上层中院和上院中的建筑，四合院的院落空间结构、砖砌窑洞的砌砖方式、屋顶的建筑结构、屋檐的结构、地砖的铺装方式等），反映当地村民生活状态的纪实性摄影，突出表现张家塔村建筑风貌的带有艺术表现性的摄影作品。除此之外，在实践过程中，人们还利用单镜头反光相机拍摄了大量的表现建筑材质状况的高质量贴图（包括墙面、木材、木雕、砖雕、瓦片，以及一些建筑细节），为后期利用三维软件制作复原效果图作准备（图5-1-6，图5-1-7）。

图5-1-6　院内建筑细节1　　　　图5-1-7　院内建筑细节2

2.村民口述史的视频、音频记录

田野调查也是对传统村落文化遗产进行研究的重要方式。我们可以从当地村民的口述史中找到很多史料难以描述详尽的细节，得到对于整个村落更为全面的认识，以及一些流传在当地民间的传说，因为当地村民的认知大部分来源于祖辈相传，虽然不可能保证内容的完全真实，但也是不可忽略的重要参考资料。再加上人们对传统村落文化的漠视，详细了解村落相关历史的人越来越少，仅存的能够满足口述史资料的人以老人为主，在这种情况下，口述史的收集与保存就变得弥足珍贵。

在数字化实践中，相关学者针对建筑构造和村落历史等问题进行了田野调查，拍摄了视频记录，同时撰写了相关的访谈记录。张家塔村数字化实践的口述史整理文件清单有："关于张家塔村村落名称由来的口述史""关于张家塔村祖宅及明德堂、敦厚堂建造的口述史""关于张家塔村梁顶六院建造的口述史""关于张家塔村饮食习惯的口述史""关于张家塔村葬礼习俗的口述史""关于张家塔村民居建造流程以及相关逸事的口述史"。

在进行口述史调查以及后期资料整理的基础上，相关学者梳理了张家塔村落建成的基本脉络，明确了各个院落的建成年代和房屋归属，对现有的文献记录进行了补充。从村民的口述中得到了很多已损坏建筑的信息，以及院落群中大量因战争、火灾而损毁的建筑的样貌，这些未曾被记录的信息是十分宝贵的。相关学者还搜集到了在建房的过程中发生的，反映张家塔村淳朴民风的村落传统故事。这些数据都是张家塔村数字化重建过程中很重要的数据，一方面可以作为建筑复原的参照，另一方面这些口述史中蕴含着大量传说、故事、习俗等非物质文化遗产的内容，对这些内容进行采集同样是对村落非物质文化遗产的一次保护，是后面将要进行的数字交互平台建设中非常重要的一环。

3.三维激光点云数据采集

20世纪90年代开始兴起的三维激光扫描技术是测绘领域的一大技术突破，该技术通过激光发射器向环境中连续发射激光脉冲，通过采集相应取样密度的反射脉冲来计算空间的位置信息，并将这些激光采样点以三维点云的数据形式记录下来。中国引进这项技术以来，在工程方面的使用日渐成熟，测量精度也日渐提高，三维激光扫描技术的出现大大提高了传统建筑测量方式的工作效率，并且与地理信息系统、建筑信息模型化系统结合使用，可以分析建筑的倾斜、沉降、病虫害等信息。这种快速、非接触、精度高的三维扫描技术逐渐应用在了考古学实践中。点云扫描现场如图5-1-8所示。

图5-1-8　点云扫描现场

在张家塔村数字化实践中，相关的采集者主要针对梁顶六院中的典型院落上三院的中院和上院组成的相对完整的四合院进行了三维点云数据的采集。使用的设备是激光扫描仪，后期处理软件是FARO激光扫描仪自带的点云处理软件SCENE。采集的过程包括外业工作和内业工作两大部分。外业工作首先是对整个工作范围进行面积测算和地形探测，得到基本的描点的数量和工作时间的估算，之后在整个地形中利用全球定位系统建立虚拟的坐标系，再根据扫描仪的工作特性、现实建筑内部的空间结构，以及之前对于地形的调查综合分析，设置三维扫描仪的扫描位置。

如果扫描的区域比较大，空间结构相对复杂，可采用多站点扫描，最终采取后期拼合的方式进行三维数据的采集。在多站点扫描拼合的过程中，需要保证多次扫描之间的拼合精度。因此，使用半径为0.725厘米、表面纯白色、折射率极低的标靶球，以便在后期用点云软件拼合的时候，作为公共点进行参考。标靶球的位置要保证每两站相邻扫描位置之间都有3个或3个以上的共同标靶球。除此之外，在使用扫描仪的同时，需要保证相邻的几个扫面站点的扫描区域之间有30%以上的重复率，这一点同样是为了保证后期点云数据的拼合精度。使用激光扫描仪进行点云数据采集有其自身的短板，那就是对于激光无法直接照射到的地方，会产生点云数据的空缺，在后期拼合时会产生空洞，在扫描过程中，有树木、花草，甚至工作人员不小心进入了扫描区域，也会在产生的最终数据中出现不需要的杂点和噪点。因此，在外业工作扫描时，要尽可能地保障被扫描物体与扫描仪之间没有任何干扰和阻挡。在屋顶面这种由于受到上仰视角的限制而很难被扫描仪的扫描范围覆盖的或者因为建筑结构而造成了不可避免的遮挡的情况下，"空洞"的产生是难以避免的。考虑到传统村落的建筑结构以及周边环境的复杂性，现阶段的三维激光扫描仍然无法完全代替传统的手工测量方式，只能作为提高工作效率的手段起到辅助测量的作用。

标靶球布置情况如图5-1-9所示。

图5-1-9　标靶球布置情况

内业工作主要是针对点云数据的处理，包括配准、降噪、精简、拼合、切割、导出这几个步骤。在后期的软件应用中，已经提供了很规范的操作流程，只要前期的外业工作准备得充分，最终产生的点云数据不会有很严重的误差。点云数据在经过处理之前会有很多杂点，这是由于场景中无法避免的会产生很多干扰，如飞虫鸟兽的晃动、植物的晃动等，需要人为地对点云数据进行清理，以得到准确而清晰的数据，提高点云拼合的精度。在拼合多站点的点云数据后，就可以得到完整的建筑的点云数据了，可以通过三维视图，对整个建筑空间进行直观的观察，也可以利用软件内自带的工具，对建筑空间内具体的尺度进行测量（图5-1-10，图5-1-11）。张家塔村传统村落数字化实践对于点云数据主要应用在以下四个部分。

一是作为基础的尺寸数据进行保存。点云数据中保留着大量直观准确的尺寸数据，反映着建筑的现实情况，作为一种基础数据保留，具有很高的价值。

二是作为三维建模的复制参考。因为点云数据使用的广泛性，现在各大主流建模软件都为其开发了兼容的接口，方便数据的导入。因为使用设备，取得的点云数据未能直接生成三角面的基础模型，所以点云数据只能导入建模软件，以便进行模型比对。

三是生成正射影像。点云数据可以与同时生成的影像图片进行匹配，将每个数据点赋予真实色彩的信息。在点云处理软件中，手动在坐标轴中定义一个虚拟的平面，使该虚拟平面与所需要的正射影像方向空间垂直，再将这个平面与点云数据匹配，就可以得到点云数据中与此虚拟平面同样位置的数据，进而得到所需要的正射影像数据。

四是进行点云切割，得到建筑界面，辅助绘制CAD图纸。利用点云后期软件的点云处理功能，可以很快速地将点云进行切割，生成建筑的平面、立面、剖面，结合传统的测绘方式，提高图纸的绘制效率。

图5-1-10　激光点云高程图拼合图像

图5-1-11　激光点云扫描解析拼合图像

4.无人机全景拍摄与近景摄影测量技术

这是在摄影测量时利用照相机来获取数字影像，再经过软件对照片的处理来获取被拍摄对象的形状、大小、空间特征等视觉信息，具有瞬间获取空间信息的优势，同时也是一种非接触、不干扰、不伤害的测量手段，能够快速生成高质量的三维模型、数字高程模型，具有真实的纹理和贴图，同时也能够快速产生高分辨率的正射影像、三维影像，是一种十分便利有效的数字化手段。分别在地面和空中利用无人机搭载单镜头反光相机对建筑进行拍摄和取样，可以弥补因为视角的缺陷而造成的数据缺失，再根据摄影测量技术的要求，拍摄足够的照片之后，就可以利用计算机快速生成真实的模型。张家塔村数字化实践对于这种技术的探索还在进行之中，目前尚未将无人机与近景摄影测量付诸实践。根据已经采集到的实验数据来看，无人机的拍摄加上近景摄影测量这种数字化采集方式产生的数字化产品，对于张家塔村这样的传统村落来说，有其自身的优势和价值，值得人们继续研究和讨论。我们可以利用这种方式，快速获取整个张家塔村古村落的三维空间形态，以及建筑的整体空间布局，还可以精细扫描建筑构件，对建立张家塔村三维数据库十分有利。利用这种方式产生的三维模型数据具有高效和直观的特点，可以广泛运用于传统村落的数字化展示。

（二）数字化数据的后期应用

张家塔村数字化实践利用了很多行业内已经比较成熟的数字化数据采集手段，采集到的数据包括大量摄影照片、口述史资料、音频、视频、无人机航拍图片、三维点云数据。在对这些数据进行整合分析的基础上，可以首先将点云数据导入AutoCAD中，结合传统测绘方式得到的数据与点云数据相结合，制出梁顶六院上层中院四合院的CAD图纸，图纸包括院落的平面图、立面图和一些细节的大样图。

在此基础上，将点云数据导入3D Studio Max中，结合CAD图纸辅以数字影像为参考。在建模过程中，以单一的建筑结构为最小单位进行建模，保证准确反映建筑构件的尺寸结构以及各个建筑构件之间的关系，最终完成整个三维模型的制作。再利用在当地拍摄好的材质和贴图的图片，使用Adobe Photoshop进行后期处理，使之成为可以方便使用的贴图，导入建模场景中模拟真实场景。再利用V-Ray渲染器进行材质属性的赋予以及灯光和摄影机的添加，最终制出基于真实数据尺寸与环境贴图的效果图，对原有的村落进行数字复原（图5-1-12）。

图5-1-12 建筑复原效果图

（三）张家塔村数字化保护的特殊性

张家塔村的数字化与目前国内实现的大部分数字化案例有所不同，传统村落这样的数字化主体相较于其他的单独文物、文物建筑、遗址遗迹来讲具有特殊性。它们之间的差异表现在以下几个方面。

1.数字化内容上的综合性

传统村落数字化的内容与文化、建筑遗产、大型遗址遗迹所不同的是，传统村落中的文化遗产既包括传统建筑、文物单体、街巷空间等物质文化遗产，还包括宗族传统、民间传说、民间技艺这样的非物质文化遗产。在进行文化遗产数字化的保护和研究时，不应该孤立地看待这些物质文化遗产，而应该把这些物质文化遗产和非物质文化遗产看作一个整体，在听取专家对当地文化遗产的评估意见的基础上，更应该多参考当地村民对这些文化遗产的建议和看法。这对于从事文化遗产数字化工作的人员来说就提高了工作要求。

2.传统村落数字化保护中成本的投入问题

对大型遗址遗迹或者各大博物馆来说，目前可对于传统村落的文化遗产进行数字化的支持相对较少。如与张家塔村一样被评定为传统村落的有价值的古村落数量众多，但是并非所有的村落都拥有足够的资金和人员投入对整个村落的文化遗产进行整体的数字化转化。另外，目前传统村落的保护状况令人担忧，随着时间的推移，越来越多的传统建筑被损毁，村落中的文化遗产在逐渐消亡并被人淡忘，数字化保护所要投入的时间效益也是人们不得不正视的问题。因此，在对张家塔村这样的传统村落进行数字化保护时，就要考虑到技术成本和时间成本的投入问题，要尽量选择高效、成熟的技术，使资源利用效率达到最大化。

传统村落中的文化遗产是活态的，文化遗产保护的目的是不仅要对传统村落中的文化进行传承，更需要关注目前生活在传统村落中的村民的生活。传统村落文化遗产是属于民众的，进行文化传播的对象是民众，文化的传承者也是民众，文化产业最终的受益者自然也应该是民众。在针对传统村落文化遗产进行数字化转化的过程中，希望最终数字化成果的应用能够为当地村民改善生活提供帮助。

（四）数字化创新的意义

对我国文化遗产保护的意义在于对我国优秀传统文化的传承，这种传承不应该是机械的，而应该是活态的，是被人们所普遍认知和接受的，并且能够真正融入我们的现代生活、丰富我们的精神世界。我们进行文化遗产数字化保护的目的和意义同样也不应该止步于对文化遗产"记录式"的保护，而应该积极地促进人们认知、接受、欣赏甚至主动加入文化传播的队伍。文化遗产要真正在现代生活中发挥作用，展示和传播方面的研究和实践必不可少。

当今文化遗产数字化的过程已经超越了历史学、考古学等单一学科的研究范围，而变成了一种历史、信息、艺术、互联网和相关工程学的一个综合体，只有多学科的共同参与，才能保证文化遗产及其数字化展示和利用在各个环节上的高质量。增强文化遗产在展示和利用方面的创新，是文化遗产数字化的必然趋势。

文化的创造者是民众，最终的受益者也应该是民众。我们对文化遗产进行数字化保护，最终是要把我们民族珍贵的文化更好地展现给民众，希望民众能够更好地理解自己的文化、了解自己的传统，最终营造一个对于国家和民族文化价值认同的氛围。只有在这个基础上，我们才能促进文化的创新、文化产业的发展，最终实现民族文化的自信。所以，我们认为，文化遗产数字化的展示与传播必须立足于民众，提倡民众参与，而并非让民众成为被动的接受者，应该激发民众对于文化遗产的兴趣。

近年来，很多媒体也在提升民众对文化遗产的关注度上做了很多努力。中央电视台的栏目《国家宝藏》《我在故宫修文物》等以精美的编排和构思，拉近了民众与文化之间的距离，在海内外引起强烈的反响。故宫博物院近些年来也在不断进行着数字化展览展示上的创新，无论从官方网站的革新，还是微信公众号平台的运营，都在为民众认知和了解文化遗产提供良好的体验。关注民众的需求，吸引民众对于文化遗产的关注，鼓励民众参与文化遗产保护、利用数字时代的互联网思维，提供开放和共享的文化资源，推动文化产业的发展，是文化遗产数字化发展的重要方向。

传统村落的文化遗产数字化更应该是贴合民众的。费孝通先生在其《乡土中国》中说："从基层上看去，中国社会是乡土性的。"中国社会和文化的根基就在这些传统村落之中。传统村落文化遗产就是当代中国人的"乡愁"。所以，传统村落文化遗产不应该被束之高阁，只留在学术研究领域或当作博物馆中的陈列品，而应该引导民众发现和利用传统村落中的文化遗产的价值，利用数字化技术和网络平台，增强传统村落文化遗产的传播与现实转化，将传统村落文化遗产的实体通过数字化技术和传播方式转译为数字形式进行传播，再通过数字虚拟的传播，引导民众重新关注传统村落文化遗产的现实实体，由数字网络中的虚拟行为转化为现实中的实体行为，如对古建筑修复的募捐、村民生活条件的改善、文创产品的开发等。

从目前国内主要数字化项目的技术流程大致图中可以看到，文化遗产本体与用户之间的连接是单线程的，民众在被动地接受经过数字转化后的信息，并且没有反馈和互动的渠道，在整个数字化的展现过程中，是以一个"观察者"的心态和角度去参与的，传播的效果不显著（图5-1-13）。

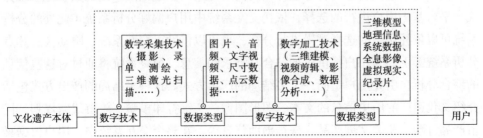

图5-1-13 原有文化遗产数字化技术流程图

在张家塔村古村落文化遗产数字化项目实践之后，相关人员在现有数字化技术的基础上，结合文化遗产数字化发展的趋势和对传统村落数字化的理解，提出了以下传统村落数字化在展示和利用方面应用模式的构想。

原有的文化遗产数字化的技术模式是由数字采集、数字加工、数据库存储和数字展示这几个部分构成的。而在新的构想中，将原有的数据展示模式集中在一个拥有面向用户的交互系统的综合数据应用平台上（图5-1-14）。在此平台上对传统村落文化遗产研究的成果进行展示，平台展示的内容由专家来进行学术上的核查和内容上的编排，保证学术上的严谨性和信息传递的准确性。

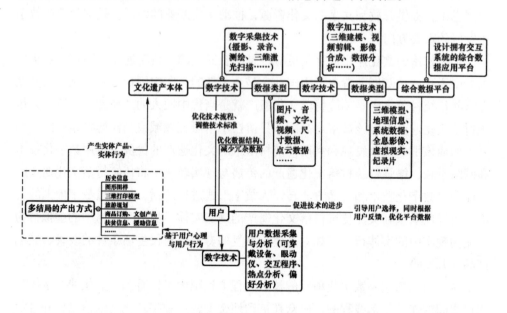

图5-1-14 新型文化遗产数字化模式流程图

用户可以根据自己的喜好选择不同的文化遗产主题以及不同的数字化呈现方式。平台基于用户进行的选择，依托交互系统中用户偏好分析系统（此处的分析系统可以依托用户的选择逻辑进行分析，也可以借助可穿戴系统、眼动仪、热点分析系统等），为用户提供更加贴合其需求的信息，最终系统将通过对这些信息的综合分析，引导用户走向一个多结局的产出方式。这种多结局的产出方式包括介绍文化遗产的历史信息的文本、图形图像、三维打印模型、旅游线路规划、民俗产品订购、相关文创产品、扶贫捐助信息等。在整个交互系统中，用户根据喜好程度选择不同的数字化方式，不同的选择指向不同结果的产出，用户与文化遗产数字化系统之间产生了互动与联系。系统可以根据用户的选择得到大数据的分析结果，得到用户的反馈，调整数字化的技术产出和技术标准、优化系统中的数据结构，完成整个数据的流动和更新。用户在整个交互系统里参与了反馈，做出了选择，得到了多样化的产出，从文化遗产数字化的角度来看，促进了数字化内容的深入和更新，也促进了数字展示技术和形式的进步。

第二节 浙江溪头村文化遗产保护案例

宋代被史学家普遍认为是中国历史上文化艺术发展到巅峰的一个朝代。以宋词和文人山水画为代表的艺术品，是几百年历史的艺术结晶。南宋时期，虽然偏安江南一隅，但凭借着土地肥沃、山水灵秀，与国家疆土收缩形成强烈反差的，便是文化艺术的灿烂辉煌。宋代制瓷业水平很高，以青瓷为代表的宋代制瓷工艺，无论是种类、样式还是烧造工艺等，均达到中国陶瓷发展的鼎盛期。宋代制瓷业的发达还表现在南北窑场林立，名瓷迭出，龙泉青瓷烧制技艺被公认为达到中国瓷器艺术的高峰。

考古学家和历史学家一致认为，瓷器展示着一个时期的社会生活面貌和审美取向，是体现一个时代文化精神的重要载体之一。宋代青瓷以釉色取胜，模仿青铜器、漆器、玉器的器形、颜色和质感，所代表的文化正是一代文人士大夫崇古与"诗化"的内心世界，以及追求美而不艳、华而不靡、清新脱俗、融入自然的清雅俊秀之精神境界。随着元代统治建立，北方再度成为政治文化中心，青花瓷兴起并成为中国瓷器的代表。尽管明代洪武年间依然对青瓷情有所钟，但青瓷制造逐渐走向衰落。在西方大英博物馆和中亚的土耳其、东亚的日本将龙泉青瓷作为珍贵古董艺术品大量收藏的同时，在青瓷的故乡中国，青瓷已经难觅踪影。当时世界普遍认为，曾经令世界为之惊叹的青瓷技艺在中国已经失传。

然而事实上，在宋代数百年间曾有着数百口窑火的浙西南瓯江上游龙泉一带偏居大山深处的山村里，有村民从清初开始就重燃窑火，精心仿制几百年前的宋代青瓷。原来看似仅出于仿冒宋代古瓷到市场上赚钱的商业初心在几乎罕为外界所知的秘密研制中，带来了龙泉青瓷烧制技艺的传承延续，并且在几百年后，出现了一批在传承中不断创新的当代青瓷大师和艺人群体，引起世界上的关注。2009年，龙泉青瓷传统烧制技艺被列入联合国教科文组织《人类非物质文化遗产代表作名录》，成为全球第一个入选《人类非物质文化遗产代表作名录》的陶瓷类项目。浙江溪头村也以传承守护龙泉青瓷而广为人知。

龙泉青瓷烧制技艺的传承与复兴缘起于乡村民间，也带动了一个乡村的复兴。这个乡村便是浙江省龙泉市宝溪乡溪头村。

一、山灵水秀

位于浙江省龙泉市西南深山里的溪头村，是宝溪乡人民政府驻地所在行政村。村子距龙泉市区62千米，全村280多户近千口人聚居于一个风光秀丽的山谷里。

溪头村是宝溪乡政府所在地，也是宝溪乡制瓷产业的集聚地。"溪头局势如扁舟，拜月风清可优游。四面环山堪入画，双方带水亦清幽。瓷厂林立遍麓野，校门即安猪槽上。学界维新瓷仿古，地灵人杰应溪头。"这首题为《溪头即景赞》的诗为当地乡绅吴嘉耀在1929年所题，形象地表现出溪头村地理和人文环境以及近代仿古瓷器产业的兴旺。

从龙泉市区出发一路朝西南方向前行，盘山公路在层峦叠嶂的群山中，似乎已到了山穷水尽之境，此时眼前突然出现一处村落，村中流水潺潺，树木花草繁盛，村中道路干净整洁，村民的房前屋后处处可见青瓷制品的装饰，细节中充满雅致的艺术气息。而更让人眼前一亮的是，在绿水青山掩映下，16座别具风格、形态各异的高大竹建筑群散落其间。这个竹建筑群是由来自中国、美国、哥伦比亚、德国、意大利、日本、韩国和越南8个国家的11位建筑大师完成的设计作品，它们静静地坐落于群山怀抱中，与古朴的村庄隔溪相望，每一幢都像是"从土里长出来"似的，颇为壮观。它们为这个古老的村子增添了一道既体现着现代设计理念，又与周边山水和谐呼应的独特风景。

这就是如今的溪头村，尽管地处偏远，却一直吸引着一批又一批的海内外陶瓷界专家、学者和收藏家。

作为我国烧制延续时间最长，窑址数量最多、分布最广，产量及出口量最大的窑系之一，龙泉青瓷的烧制历史起始于1000多年前，兴起于北宋中晚期，鼎盛于南宋至元时期，明中叶开始衰落。这些历史窑址主要分布在龙泉市龙南乡和东部、东南部的瓯江流域。龙泉大窑一带是龙泉窑的发源地和兴盛地。在南宋青瓷产业发展的鼎盛时期，包括大窑、金村、溪口、梧桐口、小白岸、松溪等共有300余处窑口，数量惊人。

宋代以后，元代由于宫廷崇尚青花瓷，青瓷的生产主要用于出口和民用。明代景德镇青花瓷的大量生产及红绿彩、五彩的流行，逐步改变了单色釉瓷独霸市场的局面，形成了以景德镇白瓷彩绘品种为中心的市场。尽管明初洪武年间，龙泉的大窑曾再度辉煌，承接部分宫廷用品的生产和出口，但随后人们的审美取向也由单色釉向青花及五彩转变。同时，明代的海禁政策也造成青瓷出口海外受阻，终使流行了千余年的龙泉青瓷、越窑青瓷及北方黑瓷、白瓷等单色釉品种逐渐失去市场，很多单色釉瓷窑或停烧或转向烧制青花瓷，造成大窑一蹶不振，逐渐被废弃，龙泉青瓷由此走向衰落。自明中期开始，龙泉制瓷业也转向了青花瓷生产，一直持续到明末清初。

清末民国以来，由于中外古玩收藏市场对龙泉窑的古青瓷情有独钟，仿古青瓷开始出现。据毕业于日本早稻田大学、民国时期任龙泉县县长的徐渊若所著《哥窑和弟窑》记载，1894年前后，德国传教士奔德在龙泉购地垦种，发现古瓷，流传到国外后，引起各方注意。1904年，日本人天野静之、松田元哲等前往龙泉大窑收购古瓷。1910年，福建南台大和药房日本籍主人行原始平至大窑，与村民合作挖掘。随后，国内江苏、上海、江西、福建和浙江宁波、永嘉等地客商相继前来采购，美国、德国、法国也有好瓷者前来搜罗宋代古名瓷或瓷片。一时间，龙泉各地挖掘古窑址和盗掘古墓之风盛行，客观上带动了当地民间制瓷艺人开始研制古青瓷。由于地处偏僻又有着制瓷传统和自然资源，于是，龙泉青瓷仿古制瓷中心转至宝溪乡。

溪头村集发展瓷业所必需的水、土、木资源于一体。在环绕村庄的山丘上，高质量的瓷土矿、紫金土资源和柴薪燃料资源都十分丰富。民间传说龙泉紫金土和白瓷土是太古时代女娲采集五色宝石补苍天时失手撒在龙泉地面而成的。溪头村有两条溪流自东北向西南环绕半个村庄，即宝溪和后垟溪，为溪头村的制瓷业提供了必需的水动力资源。

二、活态博物馆

技艺传承开新篇，乡村成为青瓷文化"活态博物馆"。20世纪30年代，溪头村逐渐发展成龙泉仿古青瓷制造的重镇，由于当时复古风尚盛行，礼器器形在国外很有市场，仿古青瓷主要仿宋代礼器、祭器，均用手工拉坯成型，器物的耳部则用泥质模具制成。另外，文房四宝也是主要仿制的器形。

据《龙泉县志》记载，1924年12月，宝溪民间艺人李君义、张高文、龚庆芳等恢复仿古青瓷生产。其作品被誉为"追步哥窑，媲美章生，赶超宋元"，与真品"颇可混珠"，堪称仿古青瓷制作高手。

龙泉仿古青瓷中心溪头村名声开始传播。上海、温州等地的古董商常来村里采购，"溪头货"远销日本、美国和西欧国家。

中华人民共和国成立后，宝溪乡的青瓷手工业在完成社会主义改造后，生产还是以制作明代以来的白瓷兰花碗为主。原有的制瓷世家李家、张家、龚家仍一如既往地研究古青瓷釉水配方，从未中断。然而，他们用的釉水都是保密的配方。

1957年，在一次国家级外事活动上，来自法国的客人提到了法国人称为"雪拉同"的世界名瓷龙泉青瓷，在市场上遍寻不着，周恩来总理提出恢复龙泉古窑生产。为此，由轻工业部牵头下达任务到浙江省轻工业厅，在离溪头村不远的上垟镇成立国营龙泉瓷厂，并成立了仿古青瓷研究小组，小组成员皆为溪头村的制瓷艺人。

1915年出生的李怀德是溪头村制瓷世家李家的第三代传人。祖父李先明早在清光绪年间就专事瓷土粉碎和漂洗沉淀工作，父亲李君义制瓷技艺高超，是民国时期溪头烧制仿古青瓷的领军人物。李怀德15岁开始随父亲学艺，年轻时就掌握了哥窑、弟窑青瓷的胎料和釉料配制、造型、设计等技术。他设计的一些日常生活用瓷如"凤鸣壶"等曾风靡一时，成为当时的青瓷紧俏商品。1979年8月，他参加了轻工业部召开的会议，获得国家领导人接见。

三、参与式设计

"参与式设计"凝聚村民"匠心"，合力重建宜居青瓷古村。溪头村今天的复兴也走过了一段从乡村萧条到重建的历程。现任溪头村党总支书记的曾志华可以说是这段历程的见证者，也是溪头村乡村复兴的带头人。

21世纪以来，这个藏在深山里的青瓷宝地伴随城市化发展的热潮一度陷入萧瑟衰败。瓷产业兴旺，产生了一批青瓷大师艺人。但与青瓷传承新人辈出形成鲜明反差的是，随着一些青年艺人和大师逐渐搬离村子住到城市里，乡村呈现衰落趋势，老屋破败，河道污染，阔叶林被过度砍伐，以往青山绿水的环境日益退化。

2009年，在商海闯荡多年小有成就的曾志华回到村里，在村民的信任中被推选为村委会主任。2014年，他又全票当选为村党总支书记。溪头村发展的十年也是曾志华为之付出最多，自己精力最旺盛、最有理想情怀的十年。曾志华回乡当选村委会主任时刚三十岁出头，同一年，"龙泉青瓷传统烧制技艺"入选《人类非物质文化遗产代表作目录》。怀着对青瓷的热爱以及对自己家乡作为青瓷传承之地的情怀，他从点滴开始，带领村民对家乡进行了重建。如何重建，如何让家乡在体现厚重瓷文化的同时，也让村民享受现代生活的质量，让村庄变为宜居的美丽乡村，这是曾志华上任后开始天天琢磨的问题。

中国台湾的教授王惠民与溪头村的相遇，成为溪头村传承传统文化，变身美丽乡村的一个重要契机。

2008年，王惠民是上海一家台资设计公司的总执行、台湾科技大学建筑系兼职教授、一级园林景观规划设计师。他整天穿梭在我国城市的摩天大楼之间，心中难忘为中国台湾宜兰上百个村庄做规划设计的快乐时光，他依然向往着悠悠牧歌的田园生活。

也是在那一年，时任龙泉市市长的梁忆南（现任丽水职业技术学院党委书记）前往中国台湾的宜兰，那里的美丽乡村让他心动。回来后，梁忆南通过网络，把参与宜兰建设的设计师王惠民请到了龙泉。"我们要做从龙泉的土地里长出来的东西，而不是从别的地方搬过来。"王惠民至今都清晰地记得梁忆南对他说的这句话。

"从土里长出来"，这正是王惠民一直坚持的乡村设计理念。他在梁忆南的陪同下走访了龙泉，龙泉的青瓷文化给他留下深刻印象。在他即将离开龙泉返回上海的途中，他接受了当时宝溪乡党委书记的邀请，到溪头村来看一看。而直觉让他感到，这个离高速公路还有相当路程、位于闽浙交界的偏远乡村，可能很值得他去看看。于是他与溪头村的村民就这样产生了缘分。

青山竹林环绕，一条依傍村庄的小溪，溪水汩汩向前流……溪头村的自然环境让王惠民一见钟情，路过的一景一物，都深深地印在他的脑海中。因为赶时间，王惠民只在溪头村稍作停留，不过，他许诺一定会再来。

王惠民自称做事情比较慢，如果答应为乡村做规划，他就需要投入大量的时间和全身的力气。他认为，一个村的规划需要慢抠细磨，至少用一年的时间扎进村里，现场考察、走访村民、驻村观察，而且需要在与村民的多次互动中反复修改方案。

一个月后，他如约来到溪头村。这次，他给自己下达了任务——要在最短的时间内听到最全的故事，建立和村庄的情感联系。他走访了村民，让村委会主任曾志华，还有以前的村委会主任把热心的村民集中起来，向他们了解村史村情，倾听他们的需求。

"留一些空间，给妇女们跳舞。村里的腰鼓队、军乐队平常也要有训练场地。""早上起来要健身，晚饭后要散步。""老人也需要发呆的地方。""暑假里小孩儿喜欢到溪边玩。"村民热烈地提议，王惠民一一记下，听得很激动，创意由此被激发。

规划始于该村村口的"八棵树"。

王惠民第一次到村里的时候，就对村口的八棵大树感到好奇。村民告诉他，这里原本有十棵百年古树，有"十树坛"之称，后来被雷劈掉一棵，被大水冲走一棵，还剩八棵，由于疏于打理，如今在凌乱的垃圾中矗立着，像被遗弃的老人。王惠民记得那天，村民围着他说了很久，六十岁上下的村民都有儿时在树下嬉闹的美好回忆，他们很怀念曾经的日子。

王惠民萌发了以八棵树为载体，尝试让"从土里长出来"的乡村规划理念落地溪头村，让村民体会到"生活在一起"的相互依存感。

再次来溪头村时，王惠民带来了一个供大家讨论的草案，题目叫作"八棵树的水岸记忆"。他将设计做成3D模型，请村民来看，并提出修改建议。他要让村民尽可能知道细节，因为只有看过细节才能激发村民的想象。"他们是溪头的主人，最清楚自己的需要。我不能决定的问题，问他们、跟他们讨论，总会有意想不到的收获。"多年以后，回忆起当初的情景，王惠民依然动情。

王惠民第四次到溪头村时，设计方案得到村民一致通过，前期设计历时两个月。设计方案通过后，王惠民还有其他想法。他问村民能否由自己来进行这个八棵树公园的施工。

"当然可以呀！"村民毫不迟疑地回答。

王惠民随即拿出一张纸，上面列好了在施工过程中需要用到的工种和人数。很快，泥水匠、木匠等各工种的工头从村民中一一选出，每个施工队也选好了队员，美丽乡村的建设工作就这样拉开了序幕。

溪头村作为青瓷之村的传统乡村文化在重建中显示出力量。传统青瓷烧制传承的不仅仅是单纯的技艺，伴随着技艺和产业而生的还有与之相关的民俗文化，体现着乡村农耕文化对于天地自然的敬畏和对于社群关系的维护。

历时六个月，2010年2月，八棵树公园完工了。正值春节，许多外出打工的青年回到村里眼前一亮，惊诧村口怎么有这么漂亮的公园。他们兴奋地在公园合影，还打电话邀请朋友来村里玩。

八棵树公园如今成为溪头村的第一道风景。一进溪头村，人们就能看见临溪的公园里挺立着错落有致的八棵古树。树荫下，绿草茵茵，分布着各种健身器材。一段波浪式鹅卵石石阶将古树圈在一起，走下石阶，是一个宽敞的大理石广场，广场四周分布着凉亭、花坛、翠竹。

八棵树公园只是个开始，它带给溪头村新农村建设的热情，唤起了村民对家园的归属感和亲密感。溪头村村民和来自中国台湾的王惠民，他们的生活本没有交集，因为八棵树，他们之间有着共同的记忆呈现。

在王惠民眼里，溪头村村民才是他创作灵感的源泉。王惠民的规划理念和落地方式对当时的村委会主任曾志华影响很大。他后来带领村民的每一步规划、设计和实施，都听取大家的意见，认真讨论，重视本土化的现代性，对于"从传统中生长出来的现代化才是美丽而宜居的"这一理念有了深刻的理解。

王惠民的理念和全体村民的参与式设计，优化了乡村规划，形成了具有地域特色、生态特色和人文特色的乡村风貌，成为溪头村建设的基本原则。

八棵树公园完工之后，王惠民应邀为溪头村做了一次全村整体发展规划。他派了一位同事驻村三个月进行全面访谈和意见收集，探讨全村建设的架构与内容。规划完成后拟定了许多执行项目，但执行的经费一直没有着落。这时村委会主任曾志华按捺不住了，他常常与王惠民联系，说村民建设美丽家园的意愿很大，不能因为没有经费而停下来。曾志华问王惠民，可不可以没有设计费，不用正式图纸，只通过草图或现场指导的方式，协助他们继续推动乡村建设。在得到王惠民的支持后，曾志华利用各种零星的村庄建设经费，启动了"有多少钱干多少事，但每件事都需要以乡村的环境特质为基础，以村民的需要为目标"的建设模式。设计师可以是顾问或义工，可以是乡建指导员或荣誉村民。王惠民被曾志华的积极性所感动，也为自己被称为荣誉村民而自豪。有了王惠民的指导，曾志华从"河里养鱼"和"活水进村"开始，一步一步地用他对于"乡村之美"的领悟，带着村委会和村民，开启了对于自然生态、历史人文、村民经济、村民公约等各方面的尝试。虽然许多地方和之前的规划有所出入，但整体风貌因而更具有乡土气息。

其中，水上公园的主体是由原来一个老鼠、蚊子成堆的菱角塘改成的池塘，引山上的溪水注入，清澈见底，四周布满了造型各异的大石头。池塘上小桥飞架，池塘里橘红的、白的、黑的鲤鱼快活地游来游去。水上公园从设计到施工，全是村民自己做的。王惠民只做顾问，负责提建议。接着村里又做"活水进村"工程。通过渠道，将水上公园的溪水引到村民屋前屋后，村民在家门口就能养鲤鱼。随后，村里一条清代的老街也修复起来。

溪头村村民的美丽乡村建设热情越发高涨，公园从土里长出来，装载着全村上千人的爱，这是王惠民最骄傲的地方，也是曾志华和全村村民最感到自豪的家园建设。这些共同建设的过程使村民的家园归属感越来越强。大家自觉从打扫干净院子、清理垃圾开始，一点点改变着家乡的环境，并经过讨论，将护河、护鱼、护溪石写进村规民约。如今，走进溪头村，随处可见村民参与共建的"乡愁小品"：昔日杂草丛生的土地变为溪头村村民共同记忆的八棵树公园；临溪村道，一盏盏独特的灵芝路灯，创意就来自本村特产灵芝；烧制青瓷废弃的匣钵、从山上拾来的枯树桩，被种上青翠的小葱、火红的朝天椒或是粗壮的芋头。每一户村民的庭院美化都将乡土特色发挥得淋漓尽致。

"建设美丽乡村，就要尊重历史传统，尊重村民生活，尊重地方之美。"曾志华深有体会地说。曾志华对于乡村建设有着他执着的理念。在跟着王惠民走了其他一些乡村，看了其他的乡村建设方式之后，他更加坚定了自己的想法：乡村的建设首先是要为生活在这里的村民幸福感和生活宜居而考虑，不是为游客而考虑。宜居之后才是宜游。在改造与建设过程中，所有生产和生活场景的控制都是在地化、生活化的。如村子的绿化，并没有从别的地方买苗木进来，就从村子周边的山上挖下来。乡村绿化就是用本土的树，树边上还长着一些茅草，这就是乡土本色。所以走进溪头村，虽然感到村子是经过了精心设计和改造的，但是到处体现着生活化。太阳出来了，村子的桥上晒着村民的被子，领导来了，村干部不会为了美观而让村民收起来，照样晒在那儿。

曾志华认为，聪明的领导都知道，这才是最生活化的乡村。

在村中随处可见的潺潺流水中成群游动的石斑鱼、彩鲤是溪头村一景，也演绎了一段护溪佳话。当初，曾志华在一次偶然的沿溪巡视中，看见成堆的垃圾在河道里顺流而下，流进了溪头村。"儿时那条清澈的河流呢？"曾志华看在眼里，痛在心里。回去后，他立即联系了邻近的六个自然村的村委会主任，协商签订联合护溪合约，实行下村管上村、一村管一村的村际问责机制，组织人员先后多次进行河道清淤，用清爽的鹅卵石铺底，并制定公约禁止在流域内毒鱼、电鱼、网鱼、钓鱼。

这几年，溪头村的新农村建设项目多、资金多，村里对所有项目实行阳光操作，曾志华还带头公开承诺，村干部一律不参与村里事务的承包事宜，村民若对工程有疑问，可以随时随地来查询。曾志华的清廉和付出赢得了村民的信任与支持。在无违建村创建中，溪头村有40多处违建需要拆除，让曾志华感动的是，许多村民没等他上门做工作就自觉拆除。村民张建海说："志华为村里做的事大家有目共睹，这些年他一心扑在村里，连自己青瓷厂的生意都没空打理，这样的好干部我们要全力支持。"

四、瓷竹互融汇聚大师

回望历史，面向未来，瓷竹互融汇聚大师。溪头村依托瓷文化进行乡村重建的另一个重要里程碑是2016年的国际竹建筑双年展。如今人们进村就看到的16座竹建筑，就是这个双年展留给溪头村的永久性标志。

对于现在已成为溪头村重要组成部分的这个建筑群，村党总支书记曾志华总结为，用最乡土的材料，最前卫的线条，在最偏僻的山乡，做了最世界的表达。

而说起这个让古老的青瓷之村做了"最世界的表达"的创意，必须提到另一个与溪头村建设结缘的人物，就是建筑师葛千涛。有着著名策展人和建筑师双重身份的葛千涛，曾于2010年至2011年就龙泉青瓷策划了"中国意境——'人类非遗龙泉青瓷'展"，展会在巴黎和上海两地举行。

像王惠民一样，2008年，他第一次来到溪头村，就深深迷恋上了这里的山水和青瓷历史。他怀着"中国的乡土建设要有场所精神，更需要用我们中国文化去阐述"的理念，希望为这片承载了青瓷文化的土地做点什么。

古老的青瓷生产传统让葛千涛产生的思路是，如何在回望历史中面向未来。而这正是那些具有深厚历史文化底蕴的传统乡村面临的共同课题，关键在于需要找到适合本土兼具地方性与世界性的语言。

他认为乡村建设必须体现所在地的"场所精神"。所谓场所，就是一个空间，一个地域文脉，再加上灵魂。溪头村的历史给了他一直提倡的"场所精神"理念以新的灵感。他眼里的溪头村，这个"场所精神"就是基于对龙泉青瓷的历史，对于至今还有着九座青瓷古龙窑的溪头村民间传承青瓷制造技艺的历史怀有充分的敬重，对当地村民的生活方式给予充分的尊重。于是，一个竹建筑双年展的策划方案渐渐形成了。这个展览将构造一个既有传统内容又融入现代元素的乡村社区系统，里面有青瓷的艺术馆，有陶艺家的工作室，也有青年旅社，它体现着乡村站在传统面向未来的新生活方式。同时，针对溪头村的青瓷史和地方取用方便的材质，他选了一个代表东方的材质——竹。他希望通过竹建筑的落地展示，使溪头村成为全球"竹"文化互鉴互融的"交通枢纽"，构筑起一个再造魅力故乡的理想。

有了创意之后，他带领一群来自美国、中国、德国、日本、意大利、哥伦比亚等国的十一位建筑设计师，运用竹、石、土、瓷，通过十一位建筑设计师的创意，力图借助他们的作品表达出一种中国式智慧——因地制宜、因地取材、因人成事。

双年展是一个非常国际化、现代化的形式，一般都是在某一个特定的场馆内举行。溪头村的竹建筑双年展是第一个在地的建筑双年展。这场由十一位世界级建筑设计师参与的设计盛宴，还是世界上第一个国际建筑设计师为乡村建设而设计的建筑双年展，从启动到完工用了三年。建筑设计师都本着"场所精神"，使之成为第一个以天然材料结合现代建材的建筑双年展，第一个以中国文化"竹"

命名的竹建筑双年展，以达到构建第一个以乡村本土文化为核心的国际乡村社区的规划目标。

2016年9月28日，首届国际竹建筑双年展正式在溪头村开幕，同时举行了国际设计大师论坛。国内外众多知名人士集聚于此，作为全球首个"在地性"竹建筑双年展，溪头村因此享誉海内外。

社区的入口用一个竹建筑接待中心来表达在地竹建筑及其历史宿命，让人们在亲近自然的同时，深切感受到天然建筑的魅力（图5-2-1）。

图5-2-1　国际大师设计的竹建筑群

接待中心由越南建筑师武崇义设计。他曾是2010年世博会越南馆的设计师。他的设计理念是，建筑源于自然。现在，它们与自然和谐共处。随着时间的推移，它们也将无限接近自然，归于自然。此建筑的材料选用原竹，通过弯曲达到造型的目的。弯曲的竹保持了竹的柔韧性，天然材料建筑让建筑本身无限接近自然，回归自然。

中国建筑师李晓东设计的竹产品设计及研发中心，与世界著名的日本建筑设计师隈研吾设计的当代青瓷艺术馆隔着另一建筑"水间"，互相呼应，仿佛进行着"竹"与"瓷"的相守与对话。

竹产品设计及研发中心坐落于一片竹林之中，整体建筑的主要饰面材料都选用竹制品，自然而朴实。建筑师利用建筑来表达竹的特点。

日本建筑设计师隈研吾的当代青瓷艺术馆则依溪并跨溪而建。这位建筑大师认为，瓷器都是有生命的，每个产品不是这个时代产生的，都是经过时代的沉淀而产生的。如何让建筑体现和衬托这传承的生命力，隈研吾设计的整座建筑的材料选用当地的重竹，利用竹的叠加和错位构建出有机的形态，规则似乎又不规整，通过"隙间"与大自然融为一体，令建筑有了"呼吸"。建筑设计师通过对竹子材料这种创造性运用，赋予材料元素升级，以体现青瓷艺术遵循传统又不断有所创新的生生不息之生命力，同时也展示了竹材料如何更加适宜人居的实践可能性。隈研吾认为，比起城市，在农村举办这样的双年展更有意义。

李晓东同样希望，这一国际竹建筑双年展对中国的乡村复兴产生某些影响，乡村生活应该因地制宜地发展，而不是一味复制城市生活。

此次国际竹建筑双年展，不仅将溪头村推向国际视野，同时也使溪头村瓷文化之魂有了更现代的承载和表述。

葛千涛在谈到这一项目的创意时强调，乡村在保留传统的同时，要有生命力，需要一定新的生活方式和理念的植入。他希望为有着厚重青瓷历史的乡村营造面向未来的社区元素，使之在承载传统的过程中能够有一种新的文化诞生。

尽管国际竹建筑双年展没有按原来的计划每两年举行一次，但它给溪头村带来的影响无疑是具有深刻意义的。首先，乡村建设需要文化与艺术的有机结合。其次，原创乡土文化需要找到自己的语言。这种语言代表一种原乡的思想脉络，同时它又具有国际通用的表达，由此能让西方人看到并理解中国文化的软实力。而这种语言的发现与创造需要了解当地村民的想法，对村民有一个系统的研究。最后，乡村建设要对当地人和当地物产形成一定的了解。在对中国乡村进行重新梳理的过程中，因地制宜是非常关键的。

溪头村的国际竹建筑双年展现在已成为一个永久性的在地建筑群。十一位国际建筑设计大师共同遵循的核心设计理念在这里得到了完美体现。竹建筑群已成为溪头村的重要景点融入这个古老的青瓷之村。来溪头村的游客流连忘返于竹建筑群之间，时而漫步欣赏，时而驻足拍照，感受着竹建筑的独特魅力，与溪头村的青瓷文化历史相映成趣。

龙窑是烧造青瓷的重要窑炉形制，因依山坡而建和形状如龙得名，历史悠久，是见证人类文明活动的重要佐证。龙窑是龙泉青瓷发展的见证，作为清末民初龙泉青瓷烧制中心的溪头村，七座古龙窑横卧于半山岗间，虽历经百年风雨，至今整体风貌仍保存完好。现在，龙窑群已被列入省级重点文物保护单位，并被授予浙江省非物质文化遗产经典旅游景区和浙江省非物质文化遗产生产性保护基地。溪头村非常珍惜这份文化遗产，投资三十多万元做了修复，使蒙尘多年的龙窑重现生机。2010年11月16日，百年龙窑重燃窑火，宝溪乡举行了盛大的复烧仪式，吸引了国际陶艺家和众多国内陶瓷专家前来参观。"不灭窑火"如今已成为溪头村每年的盛会（图5-2-2）。

图5-2-2　"不灭窑火"点火仪式

人们把雅和美作为宋代艺术与生活追求的极致特色。学者陈寅恪说："华夏民族之文化，历数千载之演进，而造极于赵宋之世。"审美与雅致渗透于宋代的各种文学艺术、工艺乃至生活细节中。

走进溪头村，你会惊讶于这种雅致的审美姿态处处存在于这个处于深山中的小村子里，成为村子的姿态。民间龙窑烧制与体验作坊、仿古青瓷烧制作坊群、仿古青瓷集贸街区、仿古瓷的研制与生产现场、修缮如旧的青瓷传承世家故居，一步即一景，一部已经远去的溪头近代瓷业史宛在眼前。溪头村人还建起了青瓷文化传承基地，多样化地开展青瓷技术教育和技艺传承，综合发挥古龙窑的功能，多元化地完善青瓷文化推广与传播机制，以拓展溪头青瓷文化在当代社会的发展空间，增强经济建设和人民生活中的内生动力。2012年，宝溪乡被评为首批"浙江省非物质文化生产性保护基地"。2014年，溪头村获评"中国人居环境范例奖"。

现在的溪头村是国家4A级景区宝溪景区的核心区块，先后荣获国家级美丽宜居示范村、中国人居环境范例奖、浙江最美村庄等众多荣誉。为家乡的建设奉献了十年青春的溪头村党总支书记曾志华个人也获得了2017年度浙江乡村振兴带头人"金牛奖"。

通过对溪头村家园的建设，曾志华还成为从小村庄里走出来的"土设计师"，他组建了自己的文化创意团队，希望为发展美丽乡村建设做更多实实在在的事情。

葛千涛在建筑展策划过程中产生过一个想法，希望通过竹建筑双年展，能在当地建立一所学校，培养既传承中国传统文化又有自己创新力的工匠，而不是眼下城市化中令人失望的一味模仿复或制西方的形式，他希望能通过教育让下一代重新认识他们身边的事物，让根植于乡村的传统文化之魂能够不断地在新一代手里延续着鲜活的生命力，一如溪头村千年不灭的窑火和青瓷跨越千年的东方之美。

他的这一想法与曾志华近年来一直在心中酝酿的计划不谋而合。溪头村已经获得了许多国家级、省级和地方的荣誉，他本人也成为知名乡村带头人，但是，他一直想着，青瓷技艺所蕴含的中国审美意识，不厌精致的工匠精神中所承载的文化魂，如何能够得以传承和扩大影响。

我们有理由相信，经历了十年发展历程的溪头村将再次书写基于"青瓷文化魂"的新篇章。

五、浙江溪头村案例的启示

一个偏僻的小山村成为举世闻名的龙泉青瓷传统技艺传承地，从而吸引了全世界的目光。溪头村通过青瓷文化带动了乡村振兴的案例带给我们以下几点启示。

第一，中国许多非物质文化遗产的真正传承力量在民间、在乡村。事实上，同在丽水地区的庆元木拱廊桥制造工艺也是靠乡村木匠传承下来的。今天城市化进程导致在现代都市里只有工业化、后工业化的制造业，已经不具备承载传统文化内涵的中国传统手工艺的主体功能。从这个意义上看，乡村的保护与振兴也意味着保护和激活许多正在消失的中国传统手工业生产技艺。与此同时，激活、保护与传承这类技艺，又是让衰落的乡村重新焕发活力的一个有效路径。溪头村通过民间守护传承了千年的青瓷制造技艺，正是这种传承给了外来设计师、规划师以灵感和载体，使其获得创造性思路，通过村民的"参与式设计"，使乡村的重建真正成为改善村民生活质量和提高村民文化自信的乡村振兴。

第二，活态的非物质文化遗产保护的意义是通过重塑和再造传统，延续其传承脉络，保障其生命活力，进而达到维持和延续族群记忆、巩固和增强族群文化认同之目的。这种族群记忆在中国的许多乡村还存在，它通过家族代代相传才得以不出现断裂。乡村凋敝也就意味着族群记忆的淡化乃至消失，乡村的凝聚力因此被消解。今天，我们对承载传统文化的乡村手工艺产业进行活态保护，进而重塑和再造传统，对于唤醒乡村族群记忆，重构乡村凝聚力与活力，具有重要的意义。正如溪头村党总支书记曾志华所说，要把大家乡愁的记忆变成乡村振兴的动力，齐心协力推动美丽乡村建设。

第三，外来乡村建设工作者的现代理念如何与村民文化在融合的同时提升文化内涵。无论是溪头村的八棵树公园，还是国际化的竹建筑双年展，它们的成功植入为我们带来一个启示，即中国乡村建设需要外来艺术家和乡村建设工作者的介入，这种介入是一种乡村内生动力的激活剂。在实践方面，如何寻找当地的乡土文化符号，然后通过现代理念的设计，实现中国传统文化的回归，应该成为中国乡村发展规划的方向。

第三节　山西原平市乡村文化遗产保护案例

2008年，山西原平市成立了"山西原平农民诗曲社"，农民写散曲一时成为诗界奇谈。经过持续多年的发展，截至2016年底，这个中国第一个农民诗曲社已发展到23个分社247名社员，社员当中有农民、村医、村干部等。农民诗曲社不仅以包含泥土香、充满原生态的两万余首诗曲作品，彰显出新时期农村先进文化建设主人翁的风采，成为原平乡土文化建设、名扬娘子关外的一支草根劲旅，而且创办了我国第一个农民散曲刊物，出版了全国第一本农民散曲评论集。

2016年，山西省诗词学会为原平市以及原平市所属的王家庄乡、楼板寨乡和西镇乡"一市三乡"授予"山西散曲之乡"牌匾。

元曲是中国古代继唐诗、宋词之后的又一种韵文样式，是元代一种起源于民间，由宋词世俗化后与当时北方的音乐曲调配合而撰写的长短句歌词，也称"乐府"或"今乐府"，其在文体构成、文学精神、艺术构造上别具一格。元曲因同唐诗、宋词相比较而展现出来的特殊性而在中国古典文学史上与唐诗、宋词并列为三座艺术高峰。元曲包括元杂剧和散曲两部分。元杂剧中的唱曲部分是展现人物、叙述事态、抒发感情的重要组成成分，独立出来就是散曲，散曲加故事情节、加科白就是杂剧。元明两代曾经产生了大批著名的散曲家，元代马致远的散曲小令《天净沙·秋思》至今脍炙人口，而著名的元杂剧如关汉卿的《窦娥冤》、王实甫的《西厢记》等都是流传数百年的古典名作，其中一些唱曲成为经典散曲作品。

自元代以来，散曲问世经历了兴盛期后，到清代逐渐衰落。曾经与唐诗、宋词并驾齐驱的元曲似乎就这样慢慢淡出人们的文化生活。然而，进入21世纪，这一中国古典文学形式却在没有主流文化倡导下静悄悄地在民间得以复兴。

一、原平诗文古风

三晋文化孕育了原平的诗文古风。中华文化的悠久历史是在一代代人的传承中得到发展的。无论历史如何在不断分分合合中改朝换代，民族文化特别是儒家文化的发展并未因改朝换代而改变其本质特性，而是在不断的融合中传续并保持着其核心的部分。文学形态的演变也是如此。传承与发展的过程就是形式与内容丰富的过程。元曲也是在韵文领域从《诗经》《楚辞》、汉赋、唐诗、宋词一脉相承，打上了时代烙印并表现了自身个性，从而成为中华传统文化艺术宝库中的璀璨珍宝之一。

唐诗、宋词与元曲各自辉煌数百年，是因为它们有各自的艺术魅力。同唐诗、宋词相比较，元曲的艺术特色主要表现在体例艺术、语言艺术、声韵艺术、音律艺术四个方面。

元曲在文学属性的体例构建上，表现出了更大的灵活性。唐诗体例上多为五绝、五律、七绝、七律，其文学扩展只能是重复延展。宋词的文学扩展是在一千多个词牌中单项选取容量，无体例叠加功能。元曲虽只有三十多个曲牌，但具有同宫调、跨宫调的组合和叠加功能，衍射出小令带过曲、套曲形式，这就极大地扩展了元曲的表现容量。

在语言艺术方面，元曲相比唐诗、宋词具有更丰富、更宽广的体现。唐诗的语言以含蓄、清雅为主，宋词的语言以清丽（婉约词）、豪直（豪放词）为主。唐诗、宋词继承了儒家文化正统的氛围，形成了素雅高远的文学境界。而元曲的语言囊括了唐诗、宋词语言的全部精华，又有其更加演绎、夸张、张扬的个性特点，同时加上了丰富多彩的创造与发挥，特别是受戏曲、民俗文化的影响，增强了语言的表现力。

在声韵艺术方面，韵律是诗体语音和谐的重要手段。唐诗的格律诗只能押平韵，仄声只有诗句里调解平仄的功能。宋词则有平韵格、仄韵格、平仄错韵格，仄声已上升到韵脚的高度，拓宽了仄声的功能。但元曲除具有平韵、仄韵、平仄相间韵体的全部体现外，更是把韵部和韵字不仅仅作为韵脚使用，还把韵部和韵字专门组成散曲诗句以表现幽默、浪漫和更戏剧化的语句。这不仅拓宽了韵字的使用范围和价值，更体现了散曲的文学艺术风采，同时也体现了元代文人高超的语言驾驭能力。元散曲是音乐属性与文学属性相统一的诗体，音律艺术则是散曲音乐属性的重要体现。唐诗是可以"唱"的，但唐诗并没有在一个固定的音乐框架下存在，而是以具有较大内涵的文学价值存在于一个时代中。宋词则具有文学属性和音乐属性相统一的功能，每个词牌具有特定的旋律。但宋词只标词牌不标宫调，只有单音素的表白，而且在宋词发展的中后期更多的是向文学功能演化。唯有散曲表现着自己强烈的音乐属性，每一首散曲都具有可唱性和可读性的双重品格。散曲这种特性缘于其与元杂剧密不可分的渊源关系。

元代山西散曲光辉夺目，散曲作家元好问、关汉卿、白朴、马致远并称为元曲四大家，乔吉、罗贯中等杰出散曲作家名垂千史，家喻户晓。这些散曲写作名家使山西的散曲创作在整个元代闪烁出夺目光辉，推动和发展了元代文化，在我国的古代文学艺术史上写下了重要篇章。

原平市地处山西中北部，东临五台山，是一个历史悠久的地方，始设县（崞县）于秦朝，属雁门郡。西汉元鼎三年（公元前114年）置原平县，属太原郡。原平境内文物古迹随处可见，现有古建筑、古墓葬和古遗址26处。这片土地深厚的文化底蕴曾经滋养了一代又一代杰出的文人雅士。追溯历史，东汉"三班"——班彪、班固、班昭修撰《汉书》铸丰碑，从而使原平有了"三班故里"之称。东晋时期，被后世称为中国佛教界开创净土宗始祖的慧远高僧就是今天原平大方乡人。原平东社镇上社村则出了以"坦腹晒书"的佳话名扬古今的魏晋名士郝隆。至于隋唐宋金元时期范仲淹、王隆、陶翰、雍陶等人在这一带留下的诗文篇章，都对当地文化和民风产生了深远的影响。

中华人民共和国成立后，原平传统的诗文历史依旧生命力顽强，催生出一批批新时代的人才，使民歌、信天游等民间文学滋生繁荣。

原平市乡村独有的一种民间歌舞形式凤秧歌，又名过街秧歌，为当地一直传承下来的与日常农耕生活紧密相关的民间艺术。凤秧歌的表演有三种形式：踩街、踩圈、开轱辘。表演时男角都是武士打扮，女角打扮成古代村姑模样，手拿小锣，边扭边走。凤秧歌多于每年的农历十四至十六在本村分"上院""踩街""攒旺火"三种形式进行表演。流传至今的传统节目大部分反映农村生活和生产。

二、诗曲社的传承意义

山西原平农民诗曲社的农民创作，对复兴中国散曲、振兴乡村文化具有重要的意义。

山西原平农民诗曲社的农民创作虽然带着泥土气息，但是处处洋溢着生活的清香。他们写小桥流水、绿藤白杨、高山远岭，他们写田园阡陌、庄禾茂盛、牛羊肥壮，他们写健身广场、农民书屋、小康社会。山西原平农民诗曲社以农民为创作主体，以乡村生活为创作内容的时代特色，使中国古代散曲文化获得了带着乡土气息具有现代生命力的活化发展，不仅为古代散曲这一文化艺术高峰焕发出时代生机和活力起到了积极作用，也充分展示了当代农民传承古代散曲文化，妙笔生花、激情挥洒的精神风貌。

山西原平农民诗曲社不仅建立了一支浩大的农民诗曲创作队伍，而且引领了全国农民创作诗歌、散曲的新潮。"细数流传千古句，皆从平白语中来"，品读原平农民的诗曲作品，我们也发出了由衷的感慨，他们作为诗曲创新创作的实践者，以庄稼地里生长的语言和田园风光般的意境，抒发出新时期新农民、新诗人的赤子情怀，为复兴中国传统艺术、振兴乡村文化做出了积极贡献。

第四节 贵州郎德上寨文化遗产保护案例

一、民族村寨的生活文化

围绕着文化遗产的保护、传承和利用，少数民族村寨民众的生活也自此进入到"遗产化"的生活和发展历程之中。本节分析一个贵州苗族村寨的文化遗产保护与旅游发展历程，特别剖析了该村寨所实践的"工分制"模式。我们关注的是在超越传统认知范畴、谈判能力和驾驭能力的文化遗产保护和发展的浪潮中，民众动用了怎样的智慧和资源予以应对，又面临着怎样的困境。我们从国家化和现代化的视角出发，讨论村民自主发展模式在我国文化遗产保护与社会发展过程中的实践。

贵州省黔东南苗族侗族自治州雷山县的郎德上寨为贵州省最早进行旅游开发的民族村寨之一，也是较早面对文化遗产保护（文物保护）与旅游发展之间的矛盾的村寨之一。该村寨自1986年开始尝试旅游接待以来，村民经济收入曾一度迅猛增长，发展速度远超周边村寨，从而一跃成为贵州省民族旅游开发的典范，尤其是该村寨在集体"工分制"基础上发展起来的全体村民参与的模式在社区旅游开发中发挥出了巨大的作用，被外界誉为"郎德模式"。然而自2005年以来，郎德上寨的旅游经济收入逐步减少，其坚持实施多年的"工分制"开始面临多重挑战。村民自主发展型的旅游开发模式在面临政府、市场及社区内部群体利益之间的艰难博弈时应当何去何从？旅游开发、遗产保护与社区发展这三方面的权益冲突又当如何在社区内协调？围绕着这一系列问题，调查组于2011年11月和2012年

3月在郎德上寨展开了两次田野调查，并试图以郎德上寨为代表的村民自主发展型模式对文化遗产保护和社区发展之间的关系展开讨论。

（一）自然地理环境

郎德上寨位于贵州省黔东南苗族侗族自治州雷山县西北部，距凯里市区约27公里，距雷山县仅15千米，从凯里市区到雷山县的公路到郎德镇的路口时再转朗（郎德）报（报德）公路1千米即可到达。同时，这一线路也在黔东南自治州的凯（凯里）雷（雷山）旅游公路上，因此通往各乡村仍是宽阔平坦的柏油公路（这里需要提到的是，2008年，为促进巴拉河流域的乡村旅游发展，黔东南州政府总投资12亿元扩建凯里至雷山二级生态旅游公路，该公路始于凯里市，经雷山县郎德镇和丹江镇，止于雷山县大塘乡排里坳，贯穿整个巴拉河景区）。从凯里市到郎德上寨有三种交通方式可供选择：乘坐长途汽车、包车（出租车）或自驾。大部分外地来的散客会选择第一种方式，在凯里市汽车站买到雷山县的汽车票，然后在郎德镇路口下车，2011年时车票仅7元。若是乘坐出租车到郎德上寨往返100元左右，单程约70元。选择自驾游的一般是贵州本省内的游客利用周末时间一家人出行，当天可以往返。因此，作为一个对外进行旅游接待的村寨而言，郎德上寨在交通上的优越性是比较明显的。

郎德上寨系苗语"能登昂纠"的意译，"能登"即欧登河（汉语称为望丰河）下游之意，村以河名，"昂纠"即上寨，郎德上寨因属郎德区上方，故名。村民的服饰以长裙为主，所以又称为"长裙苗"。巴拉河的支流望丰河从郎德上寨脚下流过，一座为开发旅游而新建的风雨桥横跨过望丰河。在郎报公路对面，穿过一片水田后，就可以看到一座气派的木结构寨门，上书"郎德上寨"四个字。郎德上寨依山傍水，四面青山环抱，一座座苗家吊脚楼密密匝匝地顺着山势分布，周围的山坡上开辟有层层的梯田，寨子对面是养流坡，坡上有150余米的赛马道，是周围苗族的爬坡聚会地点。每年农历三月，各乡的苗族男女汇集在这里，举行爬坡、对歌、斗牛、赛马等活动，盛极一时。寨子背靠着的是护寨的山林，主要种有杉树、松木、杂木等，形成一道绿色屏障。从自然条件来看，一片片的梯田、苗家吊脚楼、风雨桥等景观符号共同构成了一个典型的宁静美丽的苗族村寨。

（二）社会经济状况

郎德上寨建寨时间大约在元末明初，村民以陈姓和吴姓为主（实际为四个家族，即陈、吴二姓各两个家族，主要以陈姓为主，吴姓村民总共只有十多户）。

郎德上寨曾隶属报德乡，现隶属郎德镇。郎德镇一共六个村民小组，除了郎德上寨的四个小组以外还包括对面包头寨的两个小组，郎德镇的行政中心位于下郎德村。事实上，郎德寨（习惯上称郎德下寨或下郎德村）是同一个文化社区中最大的苗族村寨。当郎德上寨逐步成为黔东南地区远近闻名的旅游明星村寨后，其知名度也迅速提升，远远超过了同一区域内的其他村寨，因而外地的游客往往仅知道郎德上寨而不知郎德寨。

在1986年进行旅游接待之前，郎德上寨和周边的其他苗族村寨一样，一直延续着以农业为主的传统生产模式。村民依山势开辟出层层梯田种植水稻，同时间种一些玉米、杂粮和蔬菜，养殖一些家禽家畜等。这种以一家一户为单位，利用狭长的小块土地从事的农业要求劳动力的高密度投入，人口对单位土地的压力较大。20世纪80年代，村寨开始进行旅游接待以来，以及越来越多的村民外出打工，农业收入在郎德上寨村民收入中所占比重日益减少，而旅游接待收入和外出打工收入所占比重日益增加。

二、从遗产保护到乡村旅游

郎德上寨是贵州省最早进行旅游开发的民族村寨之一，先后获得了一系列的"官方头衔"。从郎德上寨社区的发展历程来看，其社区发展——村寨的公共设施建设和村民经济收入的增长都与旅游开发活动密切相关。但在2010年前后，黔东南地区民族旅游中心由郎德上寨向西江千户苗寨转移，郎德上寨的发展也经历了由盛而衰的过程。

民族文化是郎德上寨最为重要的资本，从某种程度上来看，郎德上寨首先是因为被政府选定为贵州省的文化遗产保护示范点，并因此获得了相应的社会资源才有可能在黔东南众多的苗族村寨中脱颖而出，成为民族旅游的明星村寨。这主要表现在实施旅游开发后，郎德上寨的经济收入迅速增长。但在2010年以后，由于贵州省旅游发展的扶持重点发生变化等诸多原因，同处于雷山县境内的西江千户苗寨在短短两三年时间内即迅速发展并取代了郎德上寨在黔东南苗族侗族自治州民族旅游中的领头地位，由此导致郎德上寨的旅游收入锐减，村寨的整体经济状况由盛转衰。

（一）20世纪80年代贵州省的村寨博物馆建设

郎德上寨的旅游接待活动始于1986年前后，其背景是20世纪80年代贵州省文化部门在全省范围内掀起的一系列村寨博物馆建设运动。1982年《中华人民共和国文物保护法》的颁布是中国文化遗产保护的转折点，它标志着官方对传统文化的态度发生了根本性转变，传统文化是需要立法保护的对象。其产生的直接后果就是由中央至地方掀起的对各种文物古迹、革命遗址、风景名胜等的普查活动。

从历史发展的角度来看，贵州长期以来是作为远离中央政权的"化外之地"而存在的，如最早出现"贵州"一词的宋代敕书里称"惟尔贵州，远在要荒"，"远在要荒"就是指贵州属于远离中原的蛮荒之区。自古以来，贵州境内生活着众多的少数民族，很多地方的民族村寨还保留着古朴的风貌。

为此，贵州省文化厅下发了关于民族村寨调查的通知，一方面为贵州省的文化遗产保护指明了方向，即偏向少数民族村寨层面的民俗文化保护，另一方面也是为贵州文化遗产保护的试点工作进行摸底，以便于通过调查从中选出几个村寨建设村寨博物馆。"遗产""文化遗产""非物质文化遗产"等，大约是在2000年以后才开始大量出现在我国的媒体及学术研究成果中的，贵州省的民族村寨保护工作虽然最初是以"文物保护"的名义而发起的，但从其保护的对象和内容来看，与当前我国的非物质文化遗产的内涵完全一致，故本书也将贵州省20世纪80年代的村寨博物馆建设归为文化遗产保护工作。

（二）仪式的日常化和舞台化

在传统的苗族社会中，鬼师和活路头无异于是一种个人魅力型权威，他们被认为拥有通神的超自然力量，掌握着一套能确保村寨一年四季平安运行的法则，传统社会中权力的核心往往是建立在某种信仰的基础上的自愿服从和对个人魅力型权威的个人崇拜，因而当鬼师和活路头带头打破了禁忌后，他们对整个社区的感染力和带动力是不言而喻的，非节日吹芦笙和敲铜鼓在本族群的语境中最终获得了合法性与正当性。马克斯·韦伯区分了"权威"的三类历史形态，即个人魅力型权威、传统型权威与法理型权威。他认为组织与权威的关系密切，任何一种形式的组织都以某种形式的权威为基础。

从旅游发展的角度来看，由于仪式本身具有特殊的表演性和场景气氛，在现代旅游活动中经常被作为展示传统文化和地域特色的一种活动载体来吸引游客。自从1986年打破了清明前不能吹芦笙的禁忌以后，一旦有游客来到村里，吹芦笙、敲铜鼓和十二道拦路酒就成为郎德上寨常规性的接待形式，以至于天天吹芦笙、天天敲铜鼓，甚至在旅游发展最为红火的那几年，一天要表演两三场。仪式本身的"神圣性"逐渐消失，而成为一种日常化和舞台化的文化展演（图5-4-1）。

图5-4-1 为了旅游接待而举行的歌舞表演

从郎德上寨整个的发展历程来看，1986年的第一次接待活动在郎德上寨的发展过程中发挥了过渡仪式的作用。在这次接待活动之前，郎德上寨仍然是一个较为传统的少数民族村寨，类似于"吹芦笙""敲铜鼓"这样的行为仍具有仪式色彩，村民的生产方式也是以传统的农耕方式为主。1986年以后，郎德上寨逐渐转变为一个以旅游接待为主的地区，全体村民无一例外地参与到旅游活动中，成为旅游社区的从业人员，旅游收入也成为郎德上寨的主要经济来源。因此，1986年的第一次接待实际上是郎德上寨由传统的少数民族村寨向旅游地区的过渡，由文化遗产"保护"向旅游"开发"的过渡。

社区是社会学的概念，也是人类学的传统研究领域。旅游社区是指旅游目的地、旅游风景区及其周边与旅游活动关系较为密切的社区。本书将郎德上寨视为一个社区，采用旅游人类学的"社区参与发展"的视角，意在强调当地村民并非旅游开发的旁观者或者是被动参与者，而是在旅游发展中的主导性力量。

很多学者在田野调查过程中遇到的无论是州政府，还是县政府的相关人员，均将郎德上寨描述为思想观念"保守""落后"的村寨，认为他们因为抵制外来资本而错失了发展的良机。

从相关的文献资料来看，早上九点左右，村子里的高音喇叭开始通知各家各户十点到铜鼓坪集合，进行歌舞表演。和"工分制"一样，这种属于20世纪集体制时代记忆的"高音喇叭"在郎德上寨的村民生活中依然发挥着作用，广播声音传得很远，即使在山上干农活也能听到。在听到通知后，村民可以提前下山进行准备。尤其是妇女的穿戴比较复杂，平时这一地区的妇女都是身穿黑色平绒的便装，头发挽成一个髻，插上一朵大红花。而盛装穿戴起来比较麻烦，尤其是头上要缠上毛巾，再戴上银帽、银饰，虽然漂亮却并不方便做事情，因此村民日常并不穿这种"典型的"苗族盛装。十点左右，村里的男女老少均身着盛装聚集到了铜鼓坪，按照常规接待方式表演了十来个节目。由于经常面对外来游客和媒体，村民在面对摄影镜头时毫不紧张，反倒显出几分疲态，他们最关心的还是挣得的工分，在最后的"团圆舞"还未散场时就互相传递工分票。等表演一结束，参加表演的村民全都涌到了铜鼓坪边上民俗博物馆的二楼，把记录工分的本子交给各小组的会计，会计凭工分票计分，记录工分的本子是塑料壳的笔记本，每户一本，上面记有时间、工分数量和相应能换取的人民币的数量，其中，"正"表示男性，"负"表示女性，每次记录都要由各组会计盖章确认。接待收入的25%用作公共的备用资金，75%作为利润分给村民，一个季度结算一次。

1986年，郎德上寨开始对外开放时，最初主要是接待学生团、考察团和外国游客，表演都是免费的。1989年以后，郎德上寨开始以"工分制"的形式组织歌舞表演并收费，最初是200元一场，后来一年涨一点，根据游客的具体人数和表演项目收取600～2500元不等。"工分制"作为郎德上寨村民参与旅游开发的一种选择，社区参与的程度明显高于其他形式的开发模式。通常的旅游开发模式往往要求较高的前期资金投入，从而将无力投资的贫弱群体排斥在外。但在"工分制"模式下，公共设施建设均由集体摊派工分完成，主要的旅游接待项目歌舞表演则几乎不需要个人付出任何成本，人人都能参与。因此，在"工分制"最初实行的几年里，极大地调动了村民参与旅游、发展旅游的热情，推动了郎德上寨旅游的发展。曾经的"旅游接待示范户"这样回忆："最初实行'工分制'时，由于我家里干净，我们也都热情好客，所以在20世纪90年代被旅游局动员起来发展'农家乐'接待游客。当时，西江等地还没有开发，我们这里的游客很多，我们的收入也相当可观。有很多媒体来采访，很多其他地方的人也来学习如何经营和发展，县文化局还奖励我们冰箱、消毒柜和热水器等总价一万多元的东西。"

2004年，贵州"巴拉河乡村旅游示范项目"启动以后，郎德上寨的旅游事业发展到了历史上最辉煌的时期。为推进项目，黔东南成立了州、县、镇示范项目领导小组和三级管理机构，同时投入上百万元修建道路和工程，投入50多万元对苗族文化进行收集整理、文物保护及民居改造。"巴拉河乡村旅游示范项目"自凯里市怀恩堡，沿河上行20千米至雷山县境内，包括南花、郎德、季刀、怀恩堡、猫猫河、南猛、脚猛七个民族村寨。

据村民回忆，2006—2009年是郎德上寨旅游发展最繁荣的时期，全村一年单纯表演的收入就有200万元～300万元，每人每月大概为300元～400元，年人均获取工分的收入在4000元左右, 当时许多在外地打工的年轻人又回到了村里从事旅游接待。游客多的时候甚至一下午都要表演两三场。

除了旅游接待以外, 郎德上寨的其他公共事务——尤其是需要大量劳动力的基础设施建设也采用"工分制"。例如, 村里修一条通往较远的一片田地的路。雷山县政府拨了十万元修路, 但这笔款仅够买水泥、沙石等建筑材料, 所需的劳动力则是由村委会按照"工分制"摊派。村委会根据所修的路得到利益的人家的田地的数量多少, 计算出每家的出工时间, 没有涉及自家利益的人家则只要出四天工就可以了。如果划分出的出工时间完成后, 路还没修完, 就继续分配出工任务, 直到路修完为止。没有出工或出工数量不足的, 需要缴纳60元/天的罚款。

"寨子要团结, 不要分裂"是最初设置"工分制"时村民考虑的一个前提条件, 但内部的团结一致往往也意味着对外界的排斥。郎德上寨自20世纪80年代开始发展旅游以来, 始终坚持自主发展的道路, 拒绝一切外界的商业资本进入。曾经有外面的旅游公司愿意对郎德上寨进行投资开发, 并找到当地政府部门出面去向村委会做工作, 但村委会每次都坚决拒绝。因而, 外界尤其是政府部门对郎德上寨的评价常常是"保守""思想落后""不合作"。

三、走向衰落

如今, 黔东南地区乡村旅游发展的"明星村寨"已经由郎德上寨转移到了西江千户苗寨, 来郎德镇的游客越来越少。郎德上寨旅游发展衰落的原因归纳起来主要有九点(表5-4-1)。

表5-4-1 郎德上寨旅游衰落的原因

分类	序号	原因	一般村民	村委会干部	政府部门
外界不可控因素	1	2008年11月, 西江承办了贵州省旅游发展大会, 会上确定重点扶持西江的旅游业, 此后政府投入大量资金宣传和打造西江	√	√	√
	2	2009年10月, 凯里市到雷山县的公路封闭施工, 不能通车, 影响了旅游业的发展	√	√	—
	3	郎德上寨是国家级文物保护单位, 对寨子风貌改建控制很严格, 制约了郎德上寨的进一步发展	√	√	—
	4	旅行社及导游不喜欢带旅游团到郎德上寨, 喜欢带去西江	√		
	5	旅游接待设施差, 食宿不方便, 留不住游客	—	√	√

分类	序号	原因	一般村民	村委会干部	政府部门
内部可控因素	6	发展资金不足	√	—	—
	7	村民的思想过于保守	√	√	—
	8	村民不懂如何经营	—	—	√
	9	致力于本寨旅游发展的专门人才不足	—	√	—

我们可以将造成郎德上寨旅游衰落的原因粗略划分为"外界不可控因素"与"内部可控因素"两种类型，其中"外界不可控因素"无论是在数量上，还是在不同群体的"投票率"上都明显高于"内部可控因素"。即使被归为"内部可控因素"，除了"村民的思想过于保守"为纯粹的主观因素以外，其余三点也均与政府决策有关，尤其是"缺乏资金"一条完全可以通过引进外部投资来解决。郎德上寨在本村旅游发展的过程中，尽管从一开始就坚持"工分制"，走村民自主发展的道路，然而既无法摆脱国家行政力量的干预，也无法避免外来商业资本对本地区渗入所带来的影响。

四、保护与发展之间的村民自主

（一）无法实现真正的"自主"

从某一具体田野点的历时性角度出发，郎德上寨在发展旅游过程中遇到的诸多困难其实是涉及寨子的"传统—现代"转型问题，尤其是寨子中的权力核心的转换。在传统的苗族村寨中，寨老、鬼师、活路头等个人魅力型权威是村寨公共事务的决策者，但在旅游开发活动展开后，村委会领导下的旅游接待办公室在旅游的日常管理和集体经营中起主导作用，成为村寨中的实际权力机构，由村民商议制定的村规条约成为裁决公共事务的准则，但这仍是建立在村民民主推选基础上的传统型权威。与村寨内部的权力核心实际上形成竞争关系的是来自外部的政府行政力量，村民自治与政府干预之间的竞争与对抗是现代化进程中传统型权威向法理型权威转型的一个必经阶段，按照马克斯·韦伯的权威理论，最终的趋势则可能是由外来的国家主导的法理型权威代替村落内部的传统型权威。

所以，我们不难发现，尽管郎德上寨一直坚持"工分制"，拒绝与外来资本及政府合作，但在经济全球化的资本场域中，在现代国家的行政层级结构中，郎德上寨无论如何都不可能完全摆脱政府及资本的影响，做到真正的"自主"发展。

（二）谁的发展

在讨论郎德上寨的旅游发展时，与其同处于雷山县境内的同质性旅游景点——西江千户苗寨是当地人常拿来进行对比的例子。郎德上寨与西江千户苗寨恰好代表了两种不同的旅游发展类型，即自主发展型与政府主导型。就现状而言，西江的旅游业明显比郎德上寨要繁荣得多，但无论是郎德上寨还是西江千户苗寨的村民都承认西江的村民在这一过程中并没有得到多少实际的利益，却为"发展"付出了沉重的代价——村寨资源被外来商家占有，经济收入受到外来资本的"剥削"。政府不仅主导了西江旅游业的发展，同时也主导了西江的旅游管理和旅游收益。寨子最主要的门票收入由景区管理委员会收取，从而导致了旅游利益主体的改变。这也是"政府主导型"或"公司制"模式的旅游发展模式最为人所诟病的地方，当政府或企业投入了大量资本后，资本的力量超过了文化的力量，本地村民的主人地位被剥夺，由此出现了旅游受益分配在外来企业与本地村民之间的严重失衡。相比之下，郎德上寨拒绝与政府和外来资本合作，坚持内部"工分制"的运作方式，虽然从表面上看来是"思想保守""不合作"，事实上却是村民将苗族传统的经济分配观念融入现代管理过程中的一种理性实践。尽管旅游受益有限，却最大限度地避免了外来资本的"盘剥"，使发展的受益者群体始终限于内部的文化持有者。

第五节　云南恩宗村文化遗产保护与发展案例

一个个传统文化遗产丰厚的民族村寨正以"摸石头过河"的方式应对着外来观念与价值取向的影响，处理内部关系的平衡，争取发展的权益。

从1997年丽江古城被列入《世界遗产名录》以来，丽江旅游业得到了很快发展。其发展由城镇扩散到乡村，从核心景区扩散到边缘地区，发展模式从最初的政府主导、旅游公司开发，到外地"驻客"经营、村民自发组织等多元模式并存，丽江市玉龙纳西族自治县拉市乡村民自发组织的以骑马、划船为主要内容的乡村旅游活动就是在丽江市大规模发展的背景下应运而生的。在生产模式方面，部分村民实现了从传统的具有相对自主性的种植业到依附于市场的旅游业的转型；在社会关系网络方面，实现了以村内人际关系为主向与外界联系为主的转变，旅游业也相应成为村民致富的主要路径。然而，在游客增加、收益增加的利益驱动中，随着更多村民参与市场博弈，出现了一些值得关注的问题。

本书以拉市乡为主要田野点，以恩宗三社为重点个案，探讨目前作为拉市乡村民衣食之源的马场旅游业在经营中存在的问题及其缘由，并对乡土精英引领下的乡村旅游发展模式进行分析。

一、恩宗村基本概况

恩宗村是云南省丽江市玉龙纳西族自治县拉市乡的一个行政村，位于玉龙雪山南麓卧虎山脚下，距离丽江古城约8千米，丽江至大理、迪庆的国道从村旁经过，交通方便，有发展旅游业的区位优势。

恩宗村分四个自然村，即四个村民小组：第一村民小组"干灿"（纳西语），汉语意为前寨，又称一社、村民一组；第二村民小组"阿初挥灿"（纳西语），以氏族名为寨子名，又称二社、村民二组；第三村民小组"谋灿"（纳西语），汉语意为下寨，又称三社、村民三组；第四村民小组"格灿"（纳西语），汉语意为上寨，又称四社、村民四组。

恩宗村全村现有可耕作土地面积有1300余亩环湖耕地，民居建筑海拔在2400~2500米，常年平均气温11.5摄氏度，气候温凉，又有拉市海海风吹拂，空气新鲜。恩宗村盛产小麦、玉米、大麦、蚕豆、大豆、油菜等农作物，桃、李、梅、梨、苹果、葡萄、海棠等水果，在丽江、大理、迪庆、怒江等地久负盛名，这些土特产品早期是村民主要经济来源，近年来也成为乡村旅游的一个重要内容。

恩宗村依山傍水，北靠青松覆盖的卧虎山（因形似卧虎而得名）和阿明于勒山（因东巴圣祖阿明于勒在此传法而得名），南接清澈如镜的拉市海，又称镜湖。在东山与北山密林间镶嵌着两个天然积水池，古木成荫，青草如茵，近年旅游中冠之以"情人湖"或"天鹅湖"而成为旅游景点。卧虎山山脚下平铺着一席半平方千米的草甸盆地，以前是村民的牧马场，现在称为"木氏土司牧马场"。沿着村民上山劳动的人马驿道或林中小路上到海拔3000米的卧虎山山顶，东望可欣赏日出之壮丽，北观玉龙山雪景，向西可观赏拉市湖的湖光山色，绮丽的自然风光对中外游客颇有吸引力。

拉市乡的民族文化资源底蕴深厚，而且与地方史和宗教活动紧密联系在一起，颇具特色。

传说大约在宋仁宗时，东巴圣祖阿明于勒在白地（今香格里拉市三坝纳西族乡白地村）修行得道后，来到恩宗定居，当时的恩宗村一度成为阿明于勒传教弘法名扬丽江的圣地。至今恩宗村还有阿明于勒家族后人，有阿明于勒坞（纳西语，山的意思）、阿明罗（纳西语，川的意思）、阿明日（纳西语，路的意思）、阿明当（纳西语，居住地的意思）等遗址，还流传着众多有关阿明于勒的神话传说。

村中有灵泉寺。明正德十一年（1516年）藏传佛教噶玛噶举派黑帽系八世活佛弥觉多吉应土司木定之邀访问丽江。据村民传说，当时弥觉多吉是驱魔灭妖来到丽江的，将妖魔驱赶到恩宗时，终于擒获妖魔，宰妖之后将其尸骨烧焦煮熬，用铁铜锅相扣并深埋。清咸丰七年（1857年），灵泉寺有右大殿，左右厢房，照壁中央设大门，大殿正中泥塑释迦牟尼佛、弥勒佛、燃灯佛。寺设庙祝，早晚香火不断，庙中花木葱茂，一度成为恩宗村村民祀神处所。南端即东巴圣祖阿明于勒烧天香处，即称"阿明于勒坞"，灵泉寺正是恩宗纳西族东巴教、藏传佛教、汉传佛教三个派别和睦并存的物化象征。村民对该寺庙及其周围一切崇拜有加，据说连山上的枯枝落叶也不敢捡回家入灶台。

清雍正元年（1723年），丽江改土归流，废除明代洪武以来的土司制度，这一区域的这件大事与恩宗村人阿知立有着密切关系。阿知立为木氏土司后裔木全之子。木若、木全为土知府木尧继妻李氏所生，在清康熙年间迁居恩宗村。这是木氏土司家族"九男占九山，九女嫁九坝"的规矩，有嫡长子继承权，同父异母兄弟必须迁往异地居住。土知府木尧死后，其长子木兴袭土司职。清康熙五十九年（1720年）木兴病逝，木兴抱养之侄木崇未及袭职病亡，便由幼小时便由姚安高氏土知府抚养并招为女婿的木兴之四弟木种袭职，引起了木氏家族的矛盾，木全、木若亦愤愤不平。木全之妻阿挥是个有胆有识的纳西族妇女，积极出谋划策，支持儿子阿知立联络白沙木氏远亲阿宝桃等人，远赴昆明云南总督府告状，要求木种下台。云南总督府便借机改土归流，废除木氏土司制度。为此，木氏土司近亲对阿知立等颇为不满，埋怨家风不正，家中出了妖婆（指木全之妻、阿知立之母阿挥），祖德毁溃。后来木氏家族便立规矩，在家族祭祖时，先用一碗冷水泡饭送走妖婆，然后再祭祖先。这个传说也在恩宗村乃至拉市乡木氏家族中广为流传，并被写进了《恩宗村志》之中。

此外，拉市乡与邻近的丽江古城的乡村旅游地比较而言，更多地保留着纳西族传统民居，纳西族语言、纳西族婚丧嫁娶的风俗习惯，如春节、祭天等都较多保留了纳西族传统节日的特点，妇女尤其是老年妇女仍然穿着纳西族传统服装，擅长纳西族传统歌舞，传讲纳西族民间故事的老者较多。

从上述叙述中可以看中，拉市乡具有悠久的历史和丰富多彩的民族文化，这些本应该是在当地的旅游活动中被挖掘和被利用的民族文化资源，然而遗憾的是有纳西族民众参与的拉市乡马场在旅游宣传与推广中对这一套本地、本族群的民俗文化却吸纳较少，而代之以一套"异化"或"扭曲"了的"纳西文化"。

二、拉市乡的马场旅游

对于拉市乡马场旅游业兴起的确切时间，各村有各村的说法，大都认为自己是"第一个"，其中原因有：一是各村村民经营马场时间前后相差不大；二是大家为了吸引游客，都有意标榜自己的马场为"第一"。从恩宗三社调查结果来看，马场大多时间不长，而最早的是恩宗三社李金宝马场，创建于2002年。看到马场收益较好后，各村自行效仿，大约在2005年达到兴盛时期。2008、2009年，马场在市场竞争中又开始走下坡路。

从整个丽江旅游业的发展历程来看，1995年丽江大地震，在地震废墟中挖掘出的丽江古城文化内涵开始为世人瞩目，同年，丽江三义国际机场通航，开始有少量外国、港澳台游客来丽江旅游；1997年，丽江古城被列入《世界遗产名录》，丽江在国内外的声誉日涨；1998年，大（大理）丽（江）二级公路通车，方便了游客进入丽江旅游观光。之后在香格里拉跨区域旅游开发中，丽江作为枢纽地游客迅猛增长。丽江旅游业在发展之初，主要集中在以丽江古城、玉龙雪山、虎跳峡为主的著名旅游景点，大约从2004年至2005年开始，兼具城镇与乡村旅游特点的束河古镇以及人文与自然风光兼备的老君山开始进入旅游者视野；之后，旅游地从以上核心地区扩散到城市近郊，其中以七河乡的观音峡国家4A级旅游景点与环湖地带骑马、划船为主要内容的拉市乡乡村旅游最有代表性。因此，从丽江旅游发展脉络看，拉市乡乡村旅游业兴起时间不长。

目前，丽江以密集的旅游景点吸引来众多中外游客，旅游业成为丽江的支柱产业。丽江旅游业发展多采用政府投资、引进外来资本与村民自筹资金三种发展模式，但在激烈的市场竞争中，由政府投资或村民自筹的项目最后大多让步于外来资本或独资或合资经营的项目。丽江附近的乡村旅游一度只是黄山乡、金山乡、拉市乡村民自筹资金在自家庭院开办的"农家乐"而已，提供的服务项目也只是比较单一的纳西族农家饮食。这些由村民自发组织的项目，由于资金短缺、缺乏管理经验、社会关系有限等诸多原因，难以与具有雄厚资本的现代化旅游公司竞争，如玉龙雪山附近一度经营较好的玉湖马场也逐步退出了当地的旅游市场。在如此竞争激烈的背景下，目前只有拉市乡村民组织经营的马场"一枝独秀"，这在很大程度上得益于马场提供的项目较为丰富，不仅可以骑马，还提供划船、农家乐餐饮等，能够满足游客多方面的需求。另外，与附近其他乡村旅游项目相比较，拉市乡马场是完全由当地村民自发组织起来的，可以说是在当地精英引领下走上了依靠旅游业的发展之路，精英引导、村民自主发展也成为拉市乡马场的一大特色。

旅游业已经深深地嵌入了拉市乡的地方发展脉络之中，由此导致的一个后果是，曾经在经济上较为独立自主的、主要依靠内部的农业生存的村落现在的发展却不得不依靠外部游客带来的收入，曾经与外部社会只有简单商业联系的村落越来越深地卷入商品经济发展的大潮中。拉市乡旅游业能否持续发展也成为拉市乡村民在现有模式下能否持续脱贫致富的关键。

拉市乡乡村旅游的发展历程正是丽江旅游发展从核心扩散到边缘的一个缩影。但与其他乡村旅游相比，拉市乡的旅游发展既没有政府层面的干预，也没有外来资本的注入，完全是村民自觉发展选择的一个过程。这一过程中，更多的是村民对现代旅游业的模仿、摸索，从当地的管理模式到"文化的解释"都是如此。面朝黄土背朝天，日晒雨淋讨生活的村民，抓住丽江旅游业发展的契机，扔下锄头、举起马鞭参与到旅游发展的洪流中，过去面对山、面对地、面对湖，而今面对市场，是一场村民对市场的博弈，对此，他们做好应对市场的准备了吗？

游客需要的马买来了，游客需要的船买来了，与游客交流的汉话学会了，与游客讨价还价的技巧也学会了，但是仅仅这些就能够使拉市乡村民彻底脱贫致富吗？能够使旅游业持续发展吗？

根据拉市乡政府提供的"××社马队基本情况表"的登记资料，尤其是"马场基本情况"和"马场提出意见"两项记录为我们大致勾勒出了目前拉市乡马场经营的基本情况以及制约当地乡村旅游发展的各种因素。特别值得注意的是，几乎每个马场都提到了"恶性竞争"这个词。

拉市乡政府提供的各个马场的情况记录显示，各马场上报的月收入差距较大，与填报者的心态和统计口径不一有关。

①名称：木老爷打猎骑马场。

马队负责人：木本黄。

参与户数：40户。

参与人数：38人。

参与马匹数：110匹。

救生衣数：105件。

船只数：10只。

马队月接待游客数量：500～1200人。

马队月收入：2000～5000元。

马队基本情况：本马场主要接待对象是一些客栈散户与几个旅行社的小散团。

马场提出意见：急切希望能够形成比较统一的按马场分配游客量的机制。本马队一致认为海北公路负荷太重，堵车成了平常，影响了旅游业的发展，海北公路问题亟须解决。

"按马场分配游客量"的提出，显示出马场供过于求而游客供不应求，以及在市场竞争中各马场所获得的游客量不同的问题，这背后就是村民的经济收入多与寡的问题，自发的旅游业可能存在着对于市场预测、前景分析方面的不足，看到有人牵马挣钱就一窝蜂买马、买船投入，在现实与想象出现了矛盾时应该如何解决，许多村民都把希望寄托在政府身上。

②名称：安上旅游专业合作社。

马队负责人：张国武，木世川。

参与户数：22户。

参与人数：22人。

参与马匹数：88匹。

救生衣数：22件。

船只数：10只。

马队月接待游客数量：1500人。

马队月收入：9000元。

马队基本情况：安上马场成立于2004年，该马场目前有10艘船渡客，5个射箭项目经营点。

马队提出意见：一是对马队的基础设施建设给予帮助；二是对马队安全建设、旅游接待方面给予教育帮助；三是希望对各马队之间价格方面恶性竞争给予制裁和调整；四是对拉市海湿地环境保护方面给予支持。

各村纷纷投入马场经营之后，但游客并未如预期中的如潮水般涌来，自然也未能实现村民预期的经济效益。如何扭转这一局面？一方面，村民讨厌以价格恶性竞争来拉游客；另一方面，又迫不得已而为之，由此造成恶性竞争的恶性循环。当然，村民也意识到了基础设施建设、从业人员旅游接待能力以及环境保护等方面存在的问题，可见旅游业的发展也使村民在实际生产活动中感悟到一些新的价值观，只是缺乏前瞻性使他们往往在出现问题之后才想到解决问题，而且更多的希望是寄托在政府出面处理干预上，由此说明在拉市乡旅游业发展中，也存在着政府管理缺位的问题。

③名称：拉古当马队。

马队负责人：和培长。

参与户数：13户。

参与人数：13人。

参与马匹数：39匹。

救生衣数：没有登记。

船只数：没有登记。

马队月接待游客数量：600人。

马队月收入：19500元。

马队基本情况：机遇，使大多数村民受益，挑战，面临恶性竞争。

马队提出意见：政府主管部门应当对恶性竞争给予协调。

④名称：拉市第一村旅游专业合作社。

马队负责人：和永生，和志文。

参与户数：62户。

参与人数：62人。

参与马匹数：186匹。

救生衣数：30件。

船只数：6只。

马队月接待游客数量：900人。

马队月收入：45000元。

马队基本情况：本马场属于拉市乡美泉村恩宗一社全体村民自筹的一个村民旅游合作社，2006年8月18日开业，马场从无到有，完全靠全体村民一步一个脚印走出来的。马场目前有小卖店、旅游纪念品销售点，以及茶馆等外来客户。在政府及有关部门的支持下，现全体村民已基本能养家糊口。马场负责人坚信在政府有关部门的支持下以及在他们的共同努力下，未来会充满阳光。

马队提出意见：希望有关部门在现有基础上继续支持马队的服务及接待工作，另外，如果能在允许的情况下把目前比较混乱的价格做进一步统一管理就更好了。

该马场仍然提出恶性竞争、价格混乱的问题，仍然把希望寄托在政府出面干预上。而且，从对旅游业发展与村民生活改善的描述看，假如因为恶性竞争而导致马场倒闭，就意味着会出现村民返贫现象。

⑤名称：恩宗二社马场。

马队负责人：和占高，和学胜。

参与户数：46户。

参与人数：46人。

参与马匹数：138匹。

救生衣数：100件。

船只数：10只。

马队月接待游客数量：3000人。

马队月收入：150000元。

马队基本情况：马场成立于2005年9月1日，由于丽江的旅游业逐步发展，马队一年年也在发展，竞争至今基本稳定。

马队提出意见：目前基本稳定，希望政府多多支持，主要是返款问题。

为了争抢客源，马场给旅行社、客栈、导游、司机返款，按游客数量返款，因此，返款又称为"人头费"。为了拉到更多游客，各个马场之间的返款竞争越来越激烈。大家都从不满到了愤怒的地步，但是又不得不相互效仿，最后吃亏的是牵马人自己。

⑥名称：拉市海北三队马场。

马队负责人：和明军，杨进林。

参与户数：57户。

参与人数：57人。

参与马匹数：171匹。

救生衣数：100件。

船只数：15只。

马队基本情况：马场于2002年成立，至今发展到57户。

马队困境：拉市海骑马旅游发展过快，马队之间产生了恶性竞争，致使马场的发展前景并不乐观。

马队提出意见：恳请乡党委、政府及有关部门出面，对马场的恶性竞争予以制止，同时制定一些管理制度。

马队建议：一是在公平的情况下，使价格趋于合理化；二是要把公路建设和马路建设分开（让马场的马有专门的路）。

又是"恶性竞争"问题，原因在于"发展过快"，这是马场经营者切身的体会，村民提出了对于"价格趋于合理化"以及"公平"的诉求。

⑦名称：含丹五队骑马场。

马队负责人：张军耀。

参与户数：14户。

参与人数：28人。

参与马匹数：70匹。

救生衣数：45件。

船只数：6只。

马队月接待游客数量：3500人。

马队月收入：78000元。

马队基本情况：马场成立于2009年6月22日，目前含丹五队骑马场通往海北路（的）路面很差，因当时未得到乡里资金上的支持与帮助，全靠集资修整，至今路面已逐渐变形。如今，马场有点收入，但参与骑马旅游的人员几年来刚还完贷款。随着马场的扩建与改进，马场已实在筹不到维修道路的资金了。所以希望乡党委及乡政府、旅游办各位领导给予支持，使马场得到与美泉村马场同等的资金上的支持和帮助。

马队提出意见：要保护拉市海中的国家二级保护动物，就要做到禁止污水渗入拉市海中，如今该村决定首先把污水发源地（厕所）改修为公共卫生厕所，修建排污管、观察井、化粪池等设施，改修成一个正规的旅游公共卫生间示范点，希望政府对卫生间改造项目给予资金上的支持。马场的从业人员还须在持续旅游中得到相应的旅游服务知识，希望乡旅游办公室等部门给予旅游知识的培训与指导。马场也希望能够向旅游办公室申请成为在拉市旅游办公室培训的第一支规范的马队，全心全意听从乡旅游办公室的指导。村民自发组织旅游发展到一定程度，面对与外界市场的竞争，越来越感受到自身的弱势，对于政府的调控、干预以帮助旅游业持续发展的呼声越来越强烈，主要在于基础设施建设、从业人员培训与环境保护三个方面，这也是村民自发旅游中无法解决的难题。

⑧名称：掌拉市旅游专业合作社。

马队负责人：木孙，木军红。

参与户数：54户。

参与人数：54人。

参与马匹数：216匹。

救生衣数：100件。

船只数：8只。

马队月接待游客数量：2000人。

马队月收入：8000元（未扣除养马成本）。

马队基本情况：2008年6月组建马队以来，有54户参与旅游骑马，现有马匹216匹。

马队提出意见：现在拉市海马场太多，恶性竞争。旅游公司违反规定，给驾驶员另外返款，造成现在村民从事旅游业的劳动与收入不平衡，村民收入逐年下降。

据调查，马队按游客人数所支付的返款表面上是带团的导游拿走，实际上最后交给旅游公司，旅游公司再按游客人数给导游与驾驶员一定的提成。一方面是旅游公司要求的返款较高，另一方面是旅游公司分给导游与驾驶员的提成太少，毕竟带游客到马场，与村民直接发生联系的是驾驶员和导游，使得马场还不得不另外再拿出一些返款给导游与驾驶员，导致村民接待游客越多，返款越多。导致村民心理不平衡，已有牵马人将其怒气发泄在游客上的现象。

⑨名称：美泉马队。

马队负责人：木崇虎，木崇红。

参与户数：147户。

船只数：13只。

马队月接待游客数量：没有登记。

马队月收入：3000元（估计为人均收入）。

合作社、马队出一点，靠乡政府帮助改善村容村貌。

马队提出意见：可在马场本身所在场地进行培训，仍然是基础设施建设与旅游从业人员培训问题。

⑩名称：木家寨马场。

马队负责人：木金文，木本茂。

参与户数：35户。

参与人数：35人。

参与马匹数：140匹。

救生衣数：100件。

船只数：10只。

马队月接待游客数量：3000人。

马队月收入：9000元。

马队基本情况：一是游客逐年增多，湿地（草坪）遭受破坏，雨季到来，各景区（茶马古道）马匹难行；二是渔民捕杀鸟类方式增多；三是垃圾乱堆乱放，给景区造成负面影响。

马队提出意见：一是各马队之间价格恶性竞争，望乡政府统一进行调整；二是海北路路面狭窄，各路段都有停车、堆放施工建筑物的现象，望乡政府出面协调；三是干旱造成湖面下降，雨季将至，马匹难行，望乡政府给予支持以修路铺路。

⑪名称：车马店。

马队负责人：李映光。

参与户数：20户。

参与人数：20人。

参与马匹数：40匹。

救生衣数：20件。

船只数：2只。

马队月接待游客数量：300人。

马队月收入：10000元左右。

马队基本情况：现阶段的基本情况是参与的农户与马匹数相对较少，接待游客数量受到限制，特别是对旅游团队的接待能力不足，所以在旅游淡季和旺季形成了强烈的反差。马场的整体收入上不去，而且硬件设施建设支出较大，经费无法实现有效投入。马场方面认为农户旅游接待意识不够高，但是村民的收入明显增加，多多少少能收入一点用于基本生活开支，农户可以在自己家门口赚钱，省时见效快。目前最大的挑战是起步晚，起点高，跟不上其他马场的发展速度，特别是在知名度和收入方面差距更明显。

马队提出意见：希望乡政府能够加强管理，使拉市乡的旅游业更加规范化，使各马场的农户都能更好地享受到旅游业带来的机遇，防止恶性竞争，使之良性有序发展，使农民早日过上好日子，农民的利益才是最根本的利益所在。

该队的"基本情况"与"意见"两栏填得比较详细，也给我们提供了更多的信息，特别提得好的是"农民的利益才是最根本的利益所在"。似乎他们的眼光还是盯在其他马场上，尚未意识到不仅存在着他们所看见的各个马场之间的竞争，更存在着他们所看不见的与外界的博弈。

⑫名称：太和马场。

马队负责人：和强，和斌。

参与户数：34户。

参与人数：34人。

参与马匹数：86匹。

救生衣数：没有登记。

船只数：5只。

马队接待游客数量：80人。

马队基本情况：2009年成立合作社，基础设置需要进一步完善。

马队提出意见：没有登记。

⑬名称：纳西古旅游合作社。

马队负责人：和化星，木文。

参与户数：40户。

参与人数：40人。

参与马匹数：131匹。

救生衣数：20件。

船只数：5只。

马队月接待游客数量：3000人。

马队月收入：2000元（估计为人均收入）。

马队基本情况：马队建立至今，经营状况越来越差，主要原因是马场越来越多，有些新建马场底价越来越低，以至恶性竞争、恶性循环。所以，建马队以来一年不如一年，此后能否在价格上由政府宏观调控，统一管理，让马队底价上浮，制止恶性竞争，招徕游客。

马队提出意见：因马场离城较远，参与旅游活动的散客较少，主要靠团队的游客流量维持旅游活动，但有时道路两旁施工，道路交通堵塞，不能按时有效地将游客送到马场，造成马场和旅行社的损失。建议政府出面干预，特别是旅游旺季能否派人疏导交通。

以上13个马场实际上就是拉市乡13个村社的村民马队，虽然村民取的名称有的朴实有的华丽，成立有先有后，规模有大有小，资料填报人的文化水平也参差不齐，但在各个马场不同的情况记录中出现频率最高的一个词就是"恶性竞争"。"恶性竞争"看似是内部矛盾的激化，但事实上打破这种内部机制平衡的恰恰是许多外来的力量，如旅游公司、导游、游客、司机、政府、道路等词频频出现在以上记录中，这些各种各样的外来角色及其带来的资源之间的竞争打破了拉市乡原有的和谐宁静，已经深刻嵌入了拉市乡的发展图景之中。于是，我们看到，当地的马队越来越多，马夫、船夫的劳动量越来越大，分散经营、小规模经营、内部恶性竞争成为拉市乡马场的显著特征，在马队较少的时期尚能获利颇丰的旅游市场和游客已经难以"供养"越来越多的马队。村民不断增加对马场的投入，但由于旅游公司和导游、驾驶员等要求的回扣越来越高，相应地，每接待一个游客带来的边际效益递减，马场的整体收入并未增加，由此呈现出马场经营的"内卷化"。再加之伴随旅游而来的生态破坏、公路负荷过大等问题，有的马场提出拉市乡马场经营"前途不容乐观"。事实上，以上各份情况表为我们呈现出的是一幅当地的生态环境、马队、基础设施、经济压力等各种要素之间相互依靠、相互推动，但同时又相互消解，到如今发展基本已经停滞不前的旅游业"内卷化"图景。

纵观拉市乡马场发展的历程，在最初的几年里，各村的马场如雨后春笋般成立，为村民带来了切实的经济收入。但是经过几年的发展，加之如今丽江附近的乡村旅游市场已显饱和，拉市乡马场逐渐显露出"强弩之末"之颓势，尤其是在外来资本纷纷进入周边乡村进行投资开发之际，如何应对外部竞争施加的压力，如何保护和维护马队参与户的利益，拉市乡的地方精英、领导者、商户以及村民仍在实践中艰难前行。

三、恩宗三社的马场

招徕游客骑马，走茶马古道，体验纳西族文化，欣赏拉市海风光是拉市乡参与丽江这一大旅游市场的最重要手段。我们以恩宗三社为个案，对其旅游组织、马场发展史以及当前存在的问题进行深入调查和剖析。这里分别访谈了恩宗三社的马场负责人、马队队长和牵马人，从他们的讲述中我们可以看到他们的个人历史、在旅游业发展中的角色、参与方式以及从业后的变化，更为深刻的是呈现出他们对文化的认知和发展理念。

（一）马场负责人

恩宗三社马场负责人之一杨继全（纳西族）表示：

我们村子恩宗村，杨家有16户，木家27户，和家30多户，每个家族都是一个老祖宗发展起来的，全都和睦相处，共同在这片土地上生活。村里有木芹（云南大学教授）、木继红（木芹之子，"茶马古道"概念的提出者）等文化名人，人杰地灵。

我是1970年在恩宗村出生的，父亲在昆明铁路局工作。我从小随父亲读书长大，4～8岁在昆明汉族地方生活，回来时一句纳西语也不会讲。在家几年后，汉语又不流利了。1987年，我高中毕业时父亲退休，我又跟着父亲回到村子了。

我回来时有17岁，开始参加劳动时感觉很苦，那时候做饭烧"鸡窝灶"，很费柴，4点钟就起床了。找柴火，人背马驮十多公里的路，12点才回到家。一年找三个多月的柴火，全家劳动力都去找，孩子也去找，回到家还要去煮饭、喂猪，柴火用来煮饭、取暖，不到一年就烧完了。现在搞旅游，家家有钱买柴火，修节柴灶。节柴灶只用三分之一的柴，就省很多劳动力了。过去，我们只有找柴卖柴的，没有听说过买柴烧的。现在用电饭煲、电茶壶等家用电器，旅游发展后，虽然电费涨了，一个月用到20元，但是大多家庭实现电器化，冰箱、电视机也家家都买了。车子以前只有一两辆，现在有五辆了，生活环境大大改善。以前盖不起房的，现在也盖了，院坝都是水泥，墙壁都抹了石灰。马场旅游太好了，种庄稼时人均纯收入不到400元，旅游业发展起来以后人均收入有一万元了。

2002年旅游业发展以来，村里发生了翻天覆地的变化，村里的公路建设条件改善，加之政府的资助，以前的烂泥巴路改成水泥路，村民自己只用出沙石，自来水也通了。

我在旅游业兴起之前是打鱼的，不时有骑自行车来的零散游客问是否可以坐船游拉市海。游完就会随意给点辛苦费，有时一天有四五十元，这比打鱼、卖鱼收入还多，于是几家人想约起来做这件事。一开始先是八九户邀约，有的没有看好（认为前景不会好），有的是没有时间，如在城里打工的，就先后退出了四家，我也退出来了。当时的游船是木船，游客旅游车自己来，从一二十元到四五十元，后来拉市海鱼难打了，渔业收入下降，去城里打工又苦又照顾不了家，赚的钱也不多，这样大家就开始有越来越多的兴趣搞旅游了。

村长（今村主任）搞旅游早，经验丰富，在他们的带动下搞旅游，村民的收入增加了，而且不需要离开家。拉市乡畜牧业与农业发展没有优势，因为地少。过去是怕孩子读书好，主要是怕孩子考上学校供不起，现在是怕孩子读书不好。过去除了打鱼，也要骑自行车去城里劳务市场。现在不用出门，在村里就可以了。

拉市乡所有的马场都是集体企业，实行平均分配制度。我与村长负责调度，村长尽心尽力地做。财政制度也是民主的，卖票由五个人轮流做，其余时间牵马，当天结算，当天分红。现在村里有60户从事旅游业，全村72户，除儿女没在家及在外参加工作的，还有五保户、牵不动马的之外，都参与了牵马，几乎家家户户都参与旅游业。从最早的有4户人参与，到带动全村人参与，旅游业成为村子里现在的主产业，大家都有事做，闲人没有了，全村人都和睦相处。

旅游发展之后，有钱了，年轻人可以进酒吧、住酒店。以前经过宾馆门口，看见铺着地毯，有"欢迎光临"的牌子，但是都不敢进去。现在有见识了，也有自信了，汉语也会讲了。以前年轻人讲一句汉语也会脸红，现在50多岁的老奶奶也会讲了。旅游业使丽江人与外界人接触，与外界文化接触。

乡政府对旅游业也是支持的，也搞培训。现在的问题是马场多、竞争大，以后政府再支持，保持原生态会更好。

以上就是杨继全的感受。从杨继全的个人以及家庭生计方式的变迁，可以看出，马场旅游发展对于拉市乡村民生产和生活的影响。从影响层次来看，最初是旅游带来的切实的物质利益和生活改善，进一步地，经济水平的提升也改变了当地人的价值观，诸如对下一代的教育、对环境的保护、对当地人就业面的扩展等。我们不得不据此认为像拉市乡这样地多人少而交通便利、自然风光绮丽之地，开展乡村旅游也许是村民的最佳"出路"。在政府与外来商家把眼光仍旧聚焦在丽江旅游核心景区之时，经济利益的驱动促使拉市乡村民自觉参与到旅游活动中。在旅游发展过程中，杨继全是村长助理（今村主任助理），同时也是马场从无到有组建过程中的一个关键人物，在他身上体现了"地方精英"通常具有的双重性特点。一方面，他们是恩宗三社所有村民的利益代理人，懂得如何与游客打交道，以便为马场争取尽可能多的利益；另一方面，作为与游客频繁交涉的"中介"，他们又具有某种为旅游业及游客"代言"的性质，作为旅游业中的利益既得者，他们大多只谈到了旅游业带来了经济发展，鲜有提及旅游业对当地的负面影响。当然，将马场的经营所得分配到每一户村民家里，尽量做到"公平分配"也并非一件容易的事情，他们也都体会到了其中的酸甜苦辣。从这个朴实憨厚的纳西族汉子嘴里说出的"马场多，竞争大"这句话，应该是拉市乡所有的马场管理者都在不断体验、思考的一个问题。

（二）马队队长

杨继林，纳西族，1972年出生，初中毕业，恩宗三社马场马队队长。以下是他口述的一些经历和感受：

我任职马队队长一年多，负责日常管理、马匹安排，以及其他设施的完善，场地、楼房、厕所、草场、船、线路的维修，还有人员、马匹管理，平时接待工作中出现问题的处理，这些都是很重要的，与旅行社接触联络也是少不了的。

现在我们社有300匹左右的马，马受伤、生病要马夫自己负责，马夫平时就要会看，一家有四五匹马，一般长期出两匹马，另外两匹马预备（替补）。人有医疗保险，马也会生老病死。母猪保险与马保险不是一个性质，马是自己的商业行为，所以不能靠国家，而是要马夫自己负责。

本马场的服务质量是拉市乡最好的，只有靠服务质量的竞争，如场地，甚至一个厕所都不一样，才能竞争过别人。每天和村长我俩八点前就到了，人与马都分组，每天各组轮流。每天天不亮就要起来喂马，每家有四匹马，家家平均，平常只用两匹马，淡季时骑一匹，牵两匹，马也轮流休息。旺季时队长一叫就要到，工作分配排号，分五个组，排不到的就休息，但以出工来分配收入，只要出工了，即便轮不着还是参加分配。

我们牵马、划船也要与时俱进，与游客接触得多了，就会知道一些导游的话。像村长这样的能力可以模仿，但要模仿像他的样子是做不到的，没有这个性格也不行。村长面带老实相，是我们村旅游的第一个窗口，他能够把气氛搞热，游客来这里是要一种快乐的心情，风土人情与汉族一模一样就没有意思了。如果我们牵马、划船的个个西装革履，一本正经，标准的普通话，游客到处见多了，也就没有特点了。我们马夫、划船的也个个配合，在与游客聊天时，增加村长的神秘性。村长是第一窗口，表达能力强，形象也很重要。一开始他们全家人接受不了，现在他的妈妈、媳妇都逐渐接受他的形象了，认为这样是一条路，现在很支持他，认为与游客有亲热的举动也很正常。纳西族男人历来都是很辛苦的，要为一家老小负责，没有村长，我们村子的旅游发展就不会比别的村子好。

我家有4口人。我25岁结婚，媳妇是和家的姑娘，我们是自由恋爱，请客办婚事等要4万元左右。现在结婚要4万～5万元，以前只要三床被子，几个锅，两个柜子，两个箱子，2003年只要一万多元。现在拉市乡旅游发展了，村民日子好过了，结婚的花费也增加了。我儿子14岁，读初中，女儿6岁，在幼儿园。妻子主要在家干农活，种地，带孩子，做家务活。我挣钱交给媳妇，由媳妇安排。纳西族男主外女主内，如人情往来由媳妇处理，自己就留点零花钱。有的家由父母当家，两口子一家的，就由媳妇当家。纳西族的女人也是很辛苦的，男人去牵马划船，农活、家务活都全部要靠媳妇了，但是都很支持的。

马队队长杨继林较之后文介绍的"油嘴滑舌"的村长李金宝更多了一份沉稳，从外表看是个典型的纳西族汉子，黝黑的皮肤，粗壮的身板，卷曲的头发，眼睛里是微微的笑意，言语不多，让人有可信之感。马夫牵马带游客出游时，大多数时间就是杨继林与李金宝在马场售票室，两人一"正"一"邪"，正好是旅游经济场景中纳西族人的两个角色：一个是典型的纳西族汉子，一个是故意曲解纳西族文化的乡村导游。

从杨继林对家庭内性别分工的描述可以看出，现在广为流传的纳西族男人不干活、每天闲情逸致的说法并不符合实际的情况，仅仅是旅游活动中对纳西族文化的误读而已。可以想见"民族旅游"是如何异化和塑造了"旅游民族"，或者说为了迎合部分游客的"族群性想象"而故意扭曲民族传统文化的本真性。但作为文化的持有者，杨继林等村民心里明白向游客介绍的纳西族文化非真正的男性文化。只是他们尚未清楚地意识到，长此以往，旅游发展对其传统文化、其民族意味着什么。

（三）牵马人

杨加磊，1981年出生，马场牵马、湖上划船，同时他也是"情歌王子"。以下是他口述的一些相关经历和感受：

我参加马队有三年时间，之前是父母牵马，父亲年龄50岁后按村里规定退休，由我来接班。

我原来在古城区当协管员，父亲退休了就回来顶替父亲。原来打工一个月挣一千多一点，现在是3000～4000元。媳妇以前外出打工，酒店、高尔夫球场都做过。媳妇的父母是黑白水林业局的，东北汉族，不会讲纳西语。我打工住在古城区，租房子一个月要150元，只有10多平方米，每个月500多元生活费，大概可以节约300元。这不如牵马收入多，在家牵马收入多，而且开销小，节约下来的钱就多，在外打工不如在家搞旅游。

家里有父母、妻子、弟弟、儿子，共六口人，弟弟也牵马，我们一家算作两户。每家儿子结婚后，一家就可以有两个人牵马。儿子只要结婚之后就可以独立立户（入股）。弟弟尚未结婚，与父母算一户，我自己算一户。本村姑娘嫁人后留在娘家的，也可以入户。这几年上门的有八九家，来自四川、丽江、七河等地区的都有，都在马场牵马。找媳妇过去大多数都是在附近找的，但是这几年找外地的也多了，汉族的也有，有四川的、保山的。外来的媳妇有的在家干家务活与农活，也有的在城里打工，我媳妇就是在城里环卫所打工，由我父母种庄稼、割马草，媳妇就有时间出去打工。如家里无劳动力，外来媳妇也就在家主事，汉族媳妇、汉族姑爷也学会了讲纳西语。我们两口子的收入一起交给父母掌管，因为没有分家。房子有两院，现在盖房子六七万一栋楼，一个工要六七元，大师傅要一两百元，以前只要五元，那时的收入也只有种苹果、辣椒到城里卖的那点钱，现在还得给烟给酒，一天两顿饭。旅游发展，生活水平提高，盖房子也越来越贵、越来越好。现在电饭煲家家有，有些家里还有电冰箱，嫁姑娘也要陪嫁电冰箱，丽江气候冷，很用不着，但这是发展的标志，结婚时是少不了的。

村长是很难得的，如果不是他这样做，吸引不了那么多游客的。村长不但带领大家搞旅游脱贫，还搞村里的公益事业，我们全村老老小小都支持他。有网站上说他是"中国最流氓的村长"，实际上他只是嘴巴说说而已，从来没有做流氓的事。他那样逗游客是为了吸引游客，实际上是为了我们村的旅游业。

杨加磊是恩宗三社年轻牵马、划船人中的一位，在拉市乡，村里有很多这样在城里打工后又回家乡发展的年轻人，这也是在旅游业发展前后，拉市乡村民从村子到外界，又从外界回归村子的一个过程。在这一过程中，走进旅游核心地带的纳西人，不再是刚出家门的纳西人，他们所见所闻使他们回来后不再以面朝黄土背朝天的农耕种植与风里来雨里去的打渔业为主业，而是把旅游区的理念、方式带回村子。

杨加磊面孔俊朗而黝黑，身材清瘦而精壮，穿着时髦，戴着墨镜，性格内敛，但在划船时能唱撩人心扉的纳西族情歌，拉市乡旅游信息网站上可以搜索到他边划船边唱情歌的画面。

四、旅游名人

根据皮埃尔·范登伯格对"文化掮客"的定义，所谓文化掮客，即"异文化情调"的经纪人，指的是居于旅游人群与旅游民族之间协调斡旋，并从中谋利的人。能够胜任文化掮客这一角色，而比一般的"文化掮客"对旅游人群的影响更深的是"旅游名人"。在丽江的旅游发展过程中，"旅游名人"在整个丽江抑或纳西族的形象建构中扮演了极其重要的角色。

在上面的访谈中，我们屡次听到李金宝的名字。李金宝是拉市乡旅游业的开拓者，也是拉市海乡村旅游的一个标志性人物。恩宗三社马场至今在激烈的市场竞争中仍然处于不败之地，与李金宝所扮演的"流氓村长"形象对游客的吸引力是分不开的。

（一）"流氓村长"李金宝

网站上有许多有关"流氓村长"的照片。李金宝的形象是每一个来到拉市乡恩宗村旅游的人所忘不了的，除了敦实的身材、头顶上的小揪揪、无镜片的眼镜、用笔画的手表之外，身上贴的布片标签更是令人发笑。

据了解，这些标签是导游与客栈经营者主动提供给李金宝的，为的是给游客逗乐。而在这一形象背后的是"李金宝"们的无奈。

据调查，在刚开始开展骑马、划船旅游活动时，"李金宝"们的导游词大多只是提起游客兴趣的调侃，后来才与丽江旅游"导游文化"越来越贴近，才在众多马场竞争中立于不败之地。

对于李金宝的形象，其母亲曾经感觉在村人面前抬不起头，拒绝李金宝回家。但是妇女们对李金宝的媳妇说："村长是为我们大家牺牲的，如果你还不解气，分钱时我们乐意多分一些给你家。"可见，村民对李金宝的行为认可的主要原因还是背后的经济利益。也正因为如此，李金宝的形象自从成为恩宗三社马场的"标签"以来，就不再仅仅是李金宝个人所能随意更改或者"还原"的了。不少游客就是冲着李金宝来的，是冲着旅游文化场景中的"流氓村长"李金宝这个形象来的。

此外，村民都意识到恶性竞争的问题，但都认为原因在于马场过多，实际上我们在调查中还发现这种旅游资源与游客之间的矛盾在一定程度上与旅游公司的介入有关，据说旅游公司根据当地返款的多少来安排游客，因而与拉市海竞争的是整个丽江旅游大环境下的各个乡村。而村民大多只盯着被旅游公司放到拉市乡来的游客的量上，为此各马场之间的相互竞争就越来越激烈，相互攻击造谣者有之，压低门票提高返款者有之，也迫使各马场不得不想出各种"奇招"以招徕游客，如李金宝"自毁形象"以博游客一笑者更是有之。

（二）李金宝的旅游管理方式

我们在对李金宝的多天跟踪调查后发现，游客一走，李金宝就完全变了一个样。他在坚持不租给商户的空旷的木楼上泡上一壶茶，靠窗朝着遥远的拉市海边喝茶边聊天时，就是我们所熟悉的纳西族男人形象：朴实、真诚，有责任心，他所要营造的乡村旅游蓝图也并非是目前游客所看到的样子。

李金宝是拉市乡乡村旅游中的"能人"，但是他也有需要外援的时候，如留住游客建设"农家乐"的资金方面、文化解释方面等。他一再说，希望把现在拒绝租出去的两栋纳西族风格的楼房便宜租出去，要求是做一个类似于拉市乡纳西族文化的展览馆，让游客在骑马、划船累了以后可以坐下来，在休息聊天、欣赏拉市乡风景的过程中感受纳西族的农家文化。以下是李金宝对于旅游的看法：

以前我是在拉市海里打鱼的，不会做骑马、划船这些生意，偶尔碰到有散客骑马一天给40元、50元，就邀约几个朋友做这个生意。我告诉他们说，我发现了一个金矿，要一起来开发，他们认为我真的发现了金矿，因为村子附近有一个山包叫金窝地，传说有金子。当时打鱼的收入不多，供孩子读书都困难。当时4个朋友每个人投资600元，用纸板在路边写了一个"拉市海由此进"。船是自己家里现成有的，一家出一匹马，生意很好，需要扩大经营外出买马，就把牌子暂时搁下了，为的是一开始就讲求信用。然后就去买马，我们5个人买了24匹马。半年以后，又有一些村民一家投资300元，大多数是我们动员的亲戚来投资。马场的土地是国有的，当时规定一家必须要有4匹马以上，在经济条件允许的情况下才可以加入，这时大约是2000年左右。恩宗三社有500人，100户左右，全是纳西族，收入统一分配，买马看行情，看游客数量。牵马收入10%留下来做村子的公益事业、基础设施建设，如公路边水沟建设投工投劳、村子出资金，这是2005年。

马场的收入以每家出工一个来平均分配，建房子（马场游客休息处，两栋两层木楼）大概每人（家）出了3000元，集体出的钱买材料，投工投劳都记账，有总会计记账。村子里大的事项一般会采纳游客的建议，建设时向乡政府申请，村民投工投劳，如垃圾桶的安置等。其实，条件好与不好的旅游各有各的味道，基础设施太多的可以不做，艰苦的旅游也是一种难忘的记忆，只要注意安全就好了。

北京的一个人写报道说拉市乡这里只有玩的，没有吃、住，以后要搞农家院，给游客免费吃茶、烤火、跳舞。装修标准化、规模化，每家还得拿出二三万元来。村民现在100%的收入靠发展旅游，卖水果、鸡、鸡蛋等。有几家农家乐，但未形成规模。以后的发展要有纳西族打跳（舞蹈）、讲古、篝火、喝玉米酒，但是现在资金不足。现在丽江旅游也在退化，发展旅游业不是一个人说了算的，要考虑村民利益，并要教他们怎么挣钱，怎么用钱。村民80%以上的人对我很拥护，一开始时有胆小的观望，不敢贷款投入，害怕利率高，村领导就动员，首先从亲戚中动员起。现在村民不怕贷款扩大马队了。现在4000~5000元一匹马，是滇马中的好马，大理、巍山的送马上门。我是2004年当村长的，是村民选举产生的。村长只是名义上的而已，不需要开会，不需要通知上级指示，各人劳动各人的，我是带领发展旅游致富赢得的名誉，政府怎么管理很重要。我们可以将每天收入的20%给政府，然后政府出面投资马场，建立统一的马场，设总会计，统一解说词，导游、驾驶员都要统一给回扣。

这段时间旅游淡些，近年淡的原因是，梅里雪山修路、泸沽湖修路、世博园修路、玉龙雪山大索道检修。以后这些问题解决了，游客就又会多起来。

我故意扣下年轻人的工资，免得他们去城里沾染不好的习气。买了两个篮球，没有游客时给他们玩沙滩篮球赛。牵马人跟着排的号走，不需要牵马时就玩篮球，有游客来了一喊就可以牵马了。

在马场收入分配方面，我们是按照乡镇企业的管理模式。只要出工，轮号牵马，吃不用花钱，当天结算，90%分给村民，10%村委会提留。凡是出工的都在这里吃，不参加吃的也平均公摊，驾驶员、导游也参加吃，有时游客也吃，一般是免费的。炊事员由合作社轮流派，共11～12人，分5个组，轮流做饭，提前就按菜单买菜，三荤三素。在马场租房照相这家人是鹤庆县人，一年9万元租金，归集体收入，茶馆的价位由我来定。有的团队游客怕进店买东西，这样会影响马场的经营，因此这两栋房子一直没有租出去，为的是给游客一个休息室。两栋房子每年舍弃四五十万元的租房费，但以后的收入是几十倍、几百倍的，不能因小失大。小卖铺、照相馆没有不行。一年放弃四五十万元，如果是与马场无关的我就不同意。

马场每户一年收入在5万元以上，团队占游客量的四分之一，散客骑马由旅行社操作时收入高。2002年，每家人均收入12万～13万元，当时只有5家人，一直到2003年、2005年都是比较好的。近年来，拉市乡村民一家一年收入四五万。丽江三义国际机场建设后或许会有变化，要不然昆明总团社吃了大头，导游又买人头费。最苦的是村民，收益最多的还是昆明的总团社。大部分游客丽江走4天，都说在拉市乡骑马这天最开心。

全部马场收入四个亿，二十几个马场才得到几千万元的收入，全部都是旅行社与客栈吃了。一个外地经营者来丽江一年客栈承包费几十万元都可以经营，在于吃马场，还没有选定骑马旅游项目时，就好茶好早点招待，怕游客上街被人拉走了，骑马回来就像认不得一样冷淡了。骑马一个人300多元，三五个人就不少了，一天七八十元的客栈费就很容易赚回来了。比如，680元的项目，文海—玉龙雪山—束河，来回要70公里，村里得120元；480元的项目，拉市海—束河，来回30多公里，村里得100元；380元的项目，跑马场三个多小时，村里得60元；280元的项目，马场—村子—茶马古道—划船，村里得60元，底价是30元。

我把每天马队收入的10%提留下来，还把骑马、划船以外保险赔款留下来，是要供村子里的大学生，今年的标准是考上大学的学杂费给50%的资助，今后打算供给100%。如果村民哪家房子倒了我是不管的，那是他自己好吃懒做。

除了供大学生读书之外，村里还有一些公益事业也从集体提留款中支出，主要有：①老人节，资助3天伙食费，每年资助2000多元，各村轮流；②三八妇女节，每年资助200～1000元，各村轮流，去年资助游昆明，每人有400元的机票报销，但是节俭惯了妇女就不喜欢去；③困难户的补助，资助款多少不一，从几百到几千；④六一儿童节，每年资助两三千块；⑤灾难资助，哪家发生了自然灾害就给予一定的补助。马场10000元收入中拿出500元作为伙食费，看上班人数来做饭，总数中10%的提留。前不久另外一个村子的一个村民得了脑瘤，村里资助了2000元，动员每家给50元，整个乡就筹集了25000元。这些资助、基础设施建设是为了表现村里的温暖，但不能全额给，免得使村民有依赖。村民无论什么时候都要勤俭，什么投资都给就会有依赖性。对有困难的心里再同情，也不能一次性全部答应。不然，村民容易产生依赖心理，会平时乱吃乱喝乱做，出意外时就依赖村里。

现在马场之间恶性竞争，马夫收益少、心情差。马夫全家的希望都寄托在马夫上，寄托在马上，很有精神压力。骑马是危险活动，如有事故全部由村民自己赔偿，有的达几千元，一个人一年投450元保险，钱由个人出，保险赔款则放在公益事业上。骑马、坐船的保险摊到个人头上，马夫自己就自觉注意安全。由马夫承担，为的是培养他们的责任心。骑马不系肚带是危险的，要随时检查。2007年开始，一个人4匹马，一年450元的保险，如果出意外保险公司赔偿的80%充公作为集体资金。保险公司—牵马人—村里（公益事业）一条线的模式，扣下保险赔偿款的目的是提高马夫的安全意识，也是维护村里旅游的声誉。

五、被异化、被误读的文化

不能不说李金宝是旅游业中产生的一个"现代纳西族文化的形象人物"，这样的"旅游名人"在拉市乡有，在丽江有，到处都有，李金宝的"流氓村长"现象也可以说是旅游业发展中民族文化变异的普遍现象。村民目前所意识到的只是"恶性竞争"抬高返款对于他们经济利益的损害，尚未意识到此种为了迎合游客而制造的"族群形象"对纳西族文化的损害。在丽江旅游业发展中，很普遍的现象是，导游以点带面，将区域文化扩大为民族文化。有识之士惊呼，纳西族文化被"乱讲"，丽江被"乱讲"了，纳西人被"乱讲"了。

吉庆祥客栈经营者余××带游客前来拉市乡旅游，李金宝被介绍是其哥们儿，两人无话不谈。余××是杭州房地产商人，摄影爱好者，有"阿海视觉"网站，是李金宝形象的主要"塑造者"。而通过对余××的访谈，我们又了解到了外来文化是如何参与塑造和重构了当地的传统民族文化的：

现在说李金宝是"流氓村长"大家都知道，网站上也搜索得到，这名字实际上是三年前我起的，我刚过来时感觉他有点特色，让他穿民族服装，穿羊皮褂子。丽江大理伪文化的东西太多，我们就给他打扮成这个样子。拉市海旅游需要这个形象，实际上他内心是很矛盾的。他女儿很反对，他女儿读高中了，同学对此也排斥，但游客来这里图的是开心。丽江文化是综合的，五湖四海不管谁来了，只要喜欢就住下来，就把原住地的文化带来了。古城散发的并非是纯纳西族文化，而且纳西族文化中一部分与浙江金华一样。纳西族古乐也是我们那边的，我们沿海接触外界多就消失了，而丽江还保留了下来。各个村子组织的合作社规模太小，要有个机构来调控，如乡政府。丽江吸引我们这些江浙外地人的，感觉是爷爷或更上一代的风俗习惯在丽江重新找到了，气候也宜人，如老年姊妹手拉手出来闲逛，这在内地是很少见的。以后搞成游客晚上住农家，与老人聊天，让外界人了解真正的纳西族文化。

六、村民自主发展旅游业的隐忧

像拉市乡这样旅游资源丰富、交通便利之地，想象中乡政府应该是"日子"比较好过的，但在调查中我们发现并非如此，这在对乡党委书记与副乡长的访谈中可以明显体会到。乡党委书记曾这样说过：

拉市乡现有二十几个马场，拉市乡村民依托丽江旅游、风光、区位、民族文化等，自发组织起来发展旅游业，现在有2000多人直接参与，据不完全统计，到老百姓手里的每年有2400万～3000万元，但是大头收入不是老百姓得到的，而是旅行社、出租车司机、客栈得到的。现在的机制、模式没有竞争力，现在的旅游不是哪里好，而是操作好，旅游业做了几年，在丽江拉市乡的发展比较好，在拉市乡是比较好的产业。拉市乡有基础建设项目，但无真正意义上的投资项目，其他是农业，如特产水果，雪桃、丽江梨，收入也没有发展旅游业高。

拉市乡旅游运作方式特别，全体村民参与，自行组织，村民合作社经营，工商局颁发证书，利益当天平均分配，各马场生意情况不同。

存在的问题：目前这种非政府、非企业的经营模式，刚开始时是一条好的道路，到一定时间就显得很散了，就不能高水平发展，不能持续发展，也曾试过多种方式，如政府干预不合适，设立旅游公司也还没有具体方案，玉龙雪山、泸沽湖、古城都设立了管理委员会，下设机构统筹，在机构上可以采取这种模式。

未来的设想：在丽江，拉市海是相对独立的景区，是否成立一个管理委员会，即由一家公司具体参与，现在是村民参与管理，政府并无一分收入，如何体现村民、公司、政府的利益需要全盘考虑。

拉市乡的品牌是乡村旅游，全国各地也在兴起，要持续发展，就要提高到县市级层面才能解决，乡政府的作用是不出大问题，如安全保险、培训、基础设施建设，具体就是这些，培训内容有服务培训、景区景点解说培训，旅游产业才能上档次。

外来民营资本不太适应拉市乡的情况，政府做这些要花钱，民营资本也要有利润。这些都在探讨中，而且钱少了这个事情就做不了。

拉市乡的旅游一开始个个都赚钱，现在却未必，但我们不能控制，因为拉市乡是全体村民的。我们政府引导，北面旅游业，南面种植业。种植业到一定规模之后也可称为景点，乡村旅游必须要有种植业，还要有民族文化。这里几乎没有钢筋房，也没有污染。有个环境保护专家说不要开发，但是老百姓能做什么呢？保护拉市乡使下片区受益，但是这里呢？说是20年后投资回报会翻倍，但是这20年内老百姓怎么办？所以，我们要在保护的前提下适度开发。

现在存在的问题是，恶性竞争、无序竞争，服务能力与服务水平有问题，事故多。解决的办法是，统一起来管理。规范管理马上就能增加几千万的收入，但是如何规范，还得认真思考。

在对乡党委、乡政府的调查访谈中，我们印证了村民自己提出的自发组织旅游出现的问题：一方面，见骑马、划船旅游赚钱，村民就蜂拥而上，于是就出现了马场与马场之间的竞争，为了竞争又不得不以提高给旅游公司、客栈的回扣以增加游客；另一方面，是在文化解释、形象打扮上以"人无我有""人有我奇"的方式招徕游客。

回顾马场调查表与访谈资料，面对村民一致认为的"恶性竞争"，从村民到政府，从马夫到游客，无一不提出需要"规范管理"。

七、有关拉市乡旅游的思考与建议

综上所述，拉市乡旅游之特点在于乡土精英的自立发展，因自发而致富。但在与外部世界的博弈中，村民自发组织商业经营的不足之处也显而易见：通过高额返款吸引旅行社与客栈，扭曲纳西族文化以吸引游客，与其他马场恶性竞争。

从丽江旅游的发展趋势、拉市海扩容耕地面积减少、拉市乡海拔较高不具备发展农作物经济等多个角度考量，拉市乡村民、拉市乡政府、游客、旅游公司都需要旅游这个市场，更需要拉市乡旅游的持续发展。为保证拉市乡乡村旅游能够健康发展，以下问题值得深思。

一是拉市乡旅游这块蛋糕如何切割的问题。在旅游公司与客栈未介入之前，拉市乡"名气"不大，游客也不多，但是参与旅游业的人数较少，村民通过骑马、划船两个项目获得的收入非常可观。旅游公司与客栈盯上这块蛋糕之后，在因他们的推介和宣传而带来了大量游客的同时，却搜刮走了拉市乡村民血汗钱的大部分，他们以拉市乡马场间的相互竞争实现其利益最大化。假如目前这种利益分配的形式仍然延续下去，必将更恶化村民与外界资本（旅游公司与客栈）之间的矛盾。因为各自为营的村民马场合作社并非以一个联合体的形式来与外界博弈，外界资本在其内部竞争中"鹬蚌相争，渔翁得利"。而从目前的情况看，鹬也好，蚌也好，付出太多，回报太少。最终的结果是，拉市乡乡村旅游这块蛋糕不是分得多分得少的问题，而是将不存在的问题。

二是传统文化与现代化之间形成的互惠问题。以旅游业为主的现代化进程既给村民带来脱贫致富的机遇，同时又在影响着传统文化。从调查结果来看，不曾有一个村子、一个马场或一个村民将旅游业收入投入传统文化传承中，也少有一个村子、一个马场或一个村民以拉市乡真正的民族传统文化资本化来获取经济利益。可见，现代化与传统文化之间的矛盾又在拉市乡上演：旅游业发展得越快，传统文化消失得越快。由此，我们有必要在尊重民族传统文化的前提下重构一套适合旅游经济发展的民族文化解释，同时关注以现代化所带来的经济效益反哺传统文化，如具有民族传统文化特色的衣食住行等方面的民族文化场景的"整旧如旧"或"建新如旧"性的再造，其中需要有关学者的介入，在尊重民族传统文化的前提下，以学者与村民的互动建构起一套以传统文化在旅游经济中实现资本化，而使传统文化与现代化之间相互支持、相互促进的发展模式。如此，村民一再提到的基础设施建设、环境保护等问题也可以因为村民收入增加而有能力逐步加以解决，现代化与民族传统文化传承之间就可实现互惠双赢。

三是村民文化自觉的问题，具体表现在民族文化自信、文化解释与文化传承等方面。不仅在拉市乡，而且在丽江所有的旅游地两个相隔不远的空间内，因为旅游开发者不同的想象，"丽江文化""纳西文化"被分割成截然不同的两部分：保留于村寨、家庭里的纳西族文化与展演给游客的"伪文化"，在游客面前的"纳西人"与家庭、村寨里的"纳西人"。纳西族村民走进旅游市场之后，在激烈的竞争中，对民族传统文化失去了自信——他们尚未寻找到合适的途径来实现纳西族传统文化的资本化，而误以为市场需要的是"游客想象的"，但并非真实的纳西族文化，他们自己为了吸引游客，诸如李金宝之类的"旅游名人"不得不以"伪文化"来包装自己，在旅游文化场景中转借、复制、重构出一套所谓的"纳西文化"来。陆续兴起的马场、不断涌入旅游市场的一拨一拨的马夫传扬的不再是地方性传统文化知识，民族传统文化因为村民没有文化自觉意识而失去了赖以维系的空间与发展的内在驱动力。

四是村民走入旅游市场中的身份角色转变的问题。因为自发从业，当地民众又没有建立因地制宜的具有发展特色的旅游文化自信和文化自觉，就决定"一窝蜂"的跟进行为，看见有人赚钱了，更多的马场、马夫、马匹浩浩荡荡地参与进来，必然导致马场与马场之间无序的恶性竞争：马场不断地增加对旅游公司与客栈的返款，而每一个游客带来的边际效益递减，不断增加的投入并未带来旅游利润的增长，村民的负担反而越来越重，由此陷入旅游业的"内卷化"，可持续发展就成为一句空话。因此，村民千呼万唤的政府干预、管控作用应该尽快发挥出作用来，整合政府与各个马场之间的力量，调控、均衡游客、马场的数量，以减少由内部的恶性竞争所带来的内耗与内伤。这并非是说回到计划经济、政府包办的模式，但是拉市乡旅游发展的现状已决定其必须有除开马场与外界资本之外的第三方介入干预，才能避免村民所深恶痛绝的"恶性竞争"问题。而且，这第三方力量的作用不仅仅是在市场调控上，还要在培养村民应对市场竞争的能力上。村民目前的诉求更多地表现在导游知识培训方面，诚然这是发展旅游业所必要的，但是怎么真正实现从自给自足的农业到依赖市场的商业、从农民到旅游从业者身份角色的转型也是至关重要的，这是自发组织的经济行为中所最缺乏的。

五是旅游项目单一，游客驻足停留时间短、消费少的问题。目前拉市乡旅游仅仅只有骑马、坐船两项，每天整车整车的游客蜂拥而来，骑马爬上山坐上船从海路回，旅游就结束了，并没有一个游客留下来住一宿、吃一餐，更无与村民在真实的纳西族文化场景中的游玩互动。也就是说，每一个游客来到拉市乡，因为旅游项目的单一而没有产生更多的消费。而从拉市乡旅游资源看，如果富有特色的"农家乐"旅游项目开展起来，那么游客就有可能在拉市乡住宿，也可以感受真实的乡村纳西族文化，并相应产生更多的消费。但是，目前村民一无足够资金（我们是否要反思恶性竞争使村民收入减少而无资金扩大旅游业的再生产），二无发展特色旅游的思考，因为目前的情况是骑马、坐船的收入较之过去的种植业还是高的，村民一方面痛恨返款减少了他们的收入，另一方面在与"过去"的对比中满足于马场的收入。在调查中唯独李金宝提出过这样的设想，但如果根据目前村民对于民族文化在旅游中的理解，即便有人尝试，仍然有可能是模仿外界现有模板，做成不伦不类的，即再假造出一些物化的"伪纳西文化"。因此，开发更多的旅游项目势在必行，其中学者的介入是必要的，但是更需要学者与村民的互动与沟通，即让有责任感的学者激发村民的文化自觉，村民依托丰富多彩的纳西族文化旅游项目以增加收入，在实现旅游业可持续发展中完成民族传统文化的传承。

六是村民自发旅游合作社与外部世界的博弈中集体动员的问题。当地民众在旅游发展中处于被动的境地，希望政府出面来干预与调控的呼声越来越高。村民的诉求是面对政府而发，但是否政府一介入任何问题就都迎刃而解了呢？这其中的关键是要实现村民经济利益与外界资本（旅行社、客栈等）经济利益之间的平衡，才能使拉市乡旅游业得到持续发展。因此，很显然并非单靠政府就可以包揽一切，而是需要在与外界资本博弈中的经济利益共同体，即拉市乡的所有马场、所有牵马人与政府整合集体力量，共同应对外部市场。

从村志中可以看出，李金宝所在村纳西族传统文化具有系统性、完整性以及鲜明的本土特征。但在对李金宝以及其他牵马人的跟踪调查中我们发现，他们对于本村纳西族文化却似乎闻所未闻，无论是在骑马途中，还是在坐船路上随处可见、随时可闻的物化或非物化的纳西族文化他们都忽略不提。因此，在这群牵马、划船的村民的旅游场景中，对纳西族传统文化出现"集体无意识"的范围将越来越广，因而在一定意义上可以得出结论：尽管马场之间的竞争、马场与外部资本力量的博弈、生态环境变迁、基础设施差等问题似乎越来越凸显，但是村民对传统文化自信的丧失，同样是我们所需要关注的问题。

第六节　关于案例的总体思考与分析

一、共同的问题

文化遗产保护与社会发展问题是国内外学术界一直关注并有多学科参与的一个领域，从发展人类学的角度来看，文化遗产保护与发展的相关理论已经不再将保护与发展对立起来，取而代之的是更加辩证地认识保护与发展的关系。保护文化多样性，推动人的发展的理念，已经成为近年来联合国教科文组织、世界银行等国际机构关注的重要内容。我们在政府层面和学术层面对这种发展观念均有一定的接受，如可持续发展、和谐社会建设和作为国家战略的科学发展观等，从生态博物馆建设的理论来看，诞生于20世纪60—70年代法国的生态博物馆在中国的理论传播和实践探索逐渐成为我国少数民族地区遗产保护的一种重要手段，如贵州中挪共建的梭戛、堂安等四个生态博物馆，广西的民族生态博物馆，与生态博物馆建设理念和方法相类似的项目还有云南六个民族文化生态村建设和世界银行"社区主导型发展试点项目"等。这些实践取得不少有益成果，但这些理论在实践过程中存在着不少问题和发展困境，面临着将理论付诸实践，实现村寨文化遗产的保护和永续传承，以及推动村寨全面的、可持续发展的难题。

通过梳理本书的几个案例，我们认为乡村在文化遗产保护与社会发展方面表现出一些特点。

一是旅游是发展的首选项。发展路径的选择应该是多样的，但一些乡村却不约而同地将发展旅游作为第一选择。贵州的郎德苗寨是贵州最早进行旅游开发的民族村寨，始于20世纪80年代。云南恩宗村本就处于丽江旅游圈之中，其选择旅游为发展路径的原因主要有三方面。首先，处于欠发达地区的民族村寨有着丰富的自然和人文资源。这些自然人文资源恰好符合当下游客走进自然、体验文化的内在需求。其次，政策的推动和倡导。从20世纪80年代开始，发展乡村旅游就成为我国旅游发展的一个重要方向，从国家旅游局（现文化和旅游部）历年推出的年度旅游主题上也能看到政府在这方面的推动力。乡村成为旅游业的一个重要增长点，伴随着这种推动和倡导的是扶持政策、发展资金和全社会的关注。最后，乡村旅游业的经济收益较大，对村民具有很强的吸引力，有别于需要很长周期才能收获的农业生产方式。游客进入村寨，在村寨中的吃、住、娱、购等行为，可以使村民快速获益。另外，大量商业资本涌入村寨进行旅游开发，也助推了乡村旅游业的发展热潮。

民族村寨的村民都言必称发展，发展必选旅游，但从实际情况来看，并不是所有的民族村寨都适合发展旅游。有些村寨虽然有着丰富的自然人文资源，但由于交通、区位和周边环境等问题，并不具有发展旅游的优势，需要巨大而长期的投入才能有所改观。人们对乡村旅游的认识程度有限，不仅不适宜地模仿一般旅游类型，还没能避免少数旅游区域中存在的低俗的、混乱的、劣质的、过度商业化的问题，如千村一面的乡村旅游发展较为普遍。更值得一提的是，虽然人们都谈旅游发展，但对乡村旅游潜在的生态风险、人文风险明显认识不足，外来者不加限制地涌入给村落管理带来较大的压力。村民的神圣仪式、日常生活、婚丧嫁娶等在乡村旅游中成为被观看、被消费的产品，这本身就有着破坏力和解构力。

二是文化是发展的资源。将文化作为资源的认知，更多是一种价值的考量，这种价值如果全面完整地阐释至少应包括三个层面：第一个层面是社会价值，即这种文化在维系社会运转方面的价值；第二个层面是历史人文价值，即这种文化作为群体认同、群体记忆方面的价值，通常可以上升为人类财富；第三个层面是经济价值。我们对第一、第二层面的价值维护更多停留在纸面上、口头上，在实践中我们更多是在追求经济价值。这种不全面的资源观念和价值观念直接导致很多的保护与发展实践不可持续。为了追求经济收益，拉市海的旅游文化场景中充满了转借、复制、重构出的"纳西文化"。在我们调查的部分案例中，文化还只是一个发展的噱头，"文化搭台，经济唱戏"的问题依然严重。文化遗产保护在这种价值观念下，不占有特别的权重。

三是多元力量的博弈。贵州郎德苗寨旅游发展的衰落固然有其自身理念和能力的问题，但很大程度上是受到政府投入巨大人力和物力打造西江千户苗寨的影响。在恩宗村马队恶性竞争的背后，其实是政府管理的缺位。商业资本的力量大多是与政府力量捆绑着进入民族村寨的。在现代市场社会中，我们的文化遗产保护和社会发展不可能抛离商业资本，不可能建造出没有市场、没有商品交易的发展环境。在巨大的经济利益面前，我们的文化遗产是否可以很好地生存、适应值得深思。社会力量，即非政府的、非营利组织、个人，其在乡村文化遗产的保护与发展中也扮演着重要角色。社会力量的诉求多出于公益志愿之心。没有多少功利性是社会力量最为珍贵的一面，但其水土不服、了解不深的问题也不容忽视。

在现代社会的博弈体系中，村寨发展场景中理应最重要，但却最弱势的力量就是村民——那些迫切想通过发展改变生活境遇的文化持有者。我们话语体系中的文化遗产实际上是村民在长期的生产和生活实践中形成、传承的智慧和模式，与他们所处的自然生态，与他们个体的成长、家庭的维系、家族的认同、族群的文化和社会的体制紧密相关。在他们生活的世界中，我们所说的文化遗产不是摆着给人看、给人评、给人体验的，而是他们实实在在的生活。保护文化遗产是现代化所带来的一个外部命题，在村寨内部为了维系村民的生活，村民不断传承、更新和创造着他们的文化。当然现代社会的发展观比保护文化遗产进入村寨还要早一步，在此影响下，村民也逐渐接受了把自己的生活"遗产化"的现实，并认识到这些"遗产化"的生活还能吸引游客的关注，成为发展的资源。对于这些经城市生活、现代理想洗礼的村民来说，追求经济发展已经成为坚定的理想，他们自然成为利用文化资源谋求发展的积极响应者和实践者。但是，在现代化的图景中，他们的文化是边缘化存在的，他们的生活也是被边缘化的。虽然他们以自己的生活为资源在发展，但他们缺乏对外的议价能力，无法获得合理的有尊严的收益，对内本来有的秩序、权威也在一点点被破坏。云南拉市乡林立的马场反映出其内部的无序竞争，在游客骑马的收益中，只有不到20%的收益属于村民，大部分被旅行社以回扣的方式收走。如果哪个马场不给回扣，旅行社就不会带游客来该马场。那个本来有抱负、有公理心的村长为了使自己的马场获得更多的收益，不惜把自己丑化为"流氓村长"。贵州郎德苗寨因为对政府的抵触和对外来资本的拒绝，被冠以"保守""封闭"之名。有时，我们看到的是村民在保护和发展过程中被边缘化，成为被动的参与者，村民在文化遗产保护和社会发展的地位、作用需要我们重新加以评估。

当然，在众多的力量中，学术研究界的角色也不容忽视。在众多的文化遗产保护与社会发展项目中，都能看到专家学者和学术机构的影子。这些专家学者或学术机构有的不仅是作为专业咨询机构存在的，有的本身就是项目的设计、策划和实施者，如云南大学参与建设的六个民族文化生态村。

二、多样的态势

从不同的案例中我们可以看到多样的态势。比如，从郎德村中我们可以看到，民族村寨的生活文化成为"文化遗产"，村民以此开始走上民族村寨旅游发展之路。在发展的过程中，他们创造性地继承了人民公社时期的"工分制"模式，维持了内部的平衡性和有效性，并内部团结一致地抵制了政府、资本的强势进入，但没能适应更大的发展环境，最终逐渐衰落。

从恩宗村中我们可以看到，在云南省丽江市拉市乡恩宗村乡土精英引领下的发展案例中，充斥着外界对民族文化的误解，还有乡土精英自身以及其所代表的民众对这种误解的主动迎合，更有在市场中大部分利益被攫取的无奈。

在每个案例中，我们都能看到政府、资本还有村民等相关力量的参与，但他们在理念、参与方式、参与程度、发挥作用上都有一些细微差别，正是这些差别造成了他们各自不同的发展态势。归结起来看，要形成一种文化遗产保护与社会发展的向好状态，各参与方应该各归其位、各司其职、共谋发展。政府要适度参与，不缺位、不越位，不与民争利；商业资本要有限介入，不买断，不贪婪、不与民为敌；社会力量要积极进入，搭桥梁，提能力，做服务；村民要有主人翁意识，有文化自觉观念，成为文化遗产保护与发展的主导者。

三、激发内生的力量

各民族村寨文化遗产保护与社会发展问题有共性也有个性，它牵涉村民生活的方方面面的同时，也牵涉整个社会的发展进步。归根结底，乡村文化遗产保护与社会发展要清楚：为谁保护、谁来保护、怎么保护？为谁发展、谁来发展、怎么发展？即如何认识保护与发展的关系。

随着我们保护和发展观念的不断深化和当前国家方针政策指向的不断明确，我们前两组问题的答案并不难回答，保护和发展的受益者是多方的，但最主要的是要让村民受益，在保护和发展中要让他们提高生活水平，分享发展成果。保护和发展的参与者也是多方面的，最主要的也应是村民主动地参与，前提是要让村民有能力参与，保护和发展的手段和方式则需要根据资源情况的不同来选择。

通过各个案例来看，当前我们最应该发挥主导作用的、最应该获取最大收益的村民在文化遗产保护和社会发展中却处于相对边缘的位置。造成这种局面的原因是多方面的。如果我们的文化遗产保护与社会发展中没有了村民的有效参与、积极主导，只靠外力的输入是难以为继的。只有村寨内部有足够的内生力量，对内能够维持人与人、人与自然、人与社会的平衡协调，对外能够具有应对现代社会的能力，才能够使我们的保护和发展成为可持续的事业，既保护了人类的文化财富，也实现了有尊严的发展。激发内生力量应成为今后一个时期内解决文化遗产保护与社会发展问题的重要指向。

近些年来，国内有关乡村的会议开了很多，以汇报为主而讨论较少，缺少对问题的深入讨论和意见的交流。纵观国内学者的研究，他们都涉及实际的问题，我们希望理论方面的思考多一些，这涉及文化遗产保护的本质问题，而不仅仅是经济层面的问题。当下的文化遗产保护常和经济利益对接在一起，如果只按照这种思路，文化遗产可能无法得到保护。

目前，我国现行的各项制度给予了乡村文化遗产保护一定的保障与依据，但大多落实在物质的层面，缺少了一些人的意味，忽视了乡村社会是熟人社会，对村民行为的约束并不仅仅依赖于契约和行政权力，更遵循着千百年来血缘、地缘、宗教等磨合而成的处世之道。而且，人地关系的多样性与动态性决定了乡村文化遗产的保护不能采用固定不变的模式，也不能仅仅聚焦于某一方面。

乡村是一个复杂的系统，其保护不等同于文物或非物质文化遗产的保护，人们仍在其中进行着生产和生活，所以要充分尊重乡村社会内生的结构机制。这也要求我们必须加强保护工作的科学规划与管理，将其放在一个弹性、系统的框架中，分层次、有条理地实施各项措施。更重要的是，通过具体的实践，我们认识到乡村文化遗产保护必须重视社区参与这一路径。如果没有村民的参与，即使政府、企业和各类社会组织的介入使村民获益，村落整体也仍然没有自身发展的动力基础。所以，不管是从理念到实践，还是从制度到执行，都应秉承以人（村民）为本和可持续发展的理念，尊重、适应乡村社会的体系规则，带动村民的自发性保护。

最后我们重申，保护和发展并不矛盾，可以说"不以发展为指向的文化遗产保护不是科学的保护，不以保护文化遗产为基本原则的发展不是可持续的、科学的发展"，我们倡导的是一种可持续的、科学的发展观下的文化遗产保护，是一种让文化遗产良性传承发展的方式。

参 考 文 献

［1］刘彦随，周扬，李玉恒.中国乡村地域系统与乡村振兴战略［J］.地理学报，2019，74（12）：2511-2528.

［2］高强.脱贫攻坚与乡村振兴有机衔接的逻辑关系及政策安排［J］.南京农业大学学报（社会科学版），2019，19（5）：15-23.

［3］丁志刚，王杰.中国乡村治理70年：历史演进与逻辑理路［J］.中国农村观察，2019（4）：18-34.

［4］吕宾.乡村振兴视域下乡村文化重塑的必要性、困境与路径［J］.求实，2019（2）：97-108.

［5］陆林，任以胜，朱道才，等.乡村旅游引导乡村振兴的研究框架与展望［J］.地理研究，2019，38（1）：102-118.

［6］屠爽爽，龙花楼，张英男，等.典型村域乡村重构的过程及其驱动因素［J］.地理学报，2019，74（2）：323-339.

［7］豆书龙，叶敬忠.乡村振兴与脱贫攻坚的有机衔接及其机制构建［J］.改革，2019（1）：19-29.

［8］何仁伟.城乡融合与乡村振兴：理论探讨、机理阐释与实现路径［J］.地理研究，2018，37（11）：2127-2140.

［9］刘守英，王一鸽.从乡土中国到城乡中国：中国转型的乡村变迁视角［J］.管理世界，2018，34（10）：128-146.

［10］龙花楼，屠爽爽.乡村重构的理论认知［J］.地理科学进展，2018，37（5）：581-590.

［11］黄祖辉.准确把握中国乡村振兴战略［J］.中国农村经济，2018，（4）：2-12.

［12］刘彦随.中国新时代城乡融合与乡村振兴［J］.地理学报，2018，73（4）：637-650.

［13］张军.乡村价值定位与乡村振兴［J］.中国农村经济，2018（1）：2-10.

［14］沈费伟，刘祖云.发达国家乡村治理的典型模式与经验借鉴［J］.农业经济问题，2016，37（9）：93-102.

［15］潘家恩，温铁军.三个"百年"：中国乡村建设的脉络与展开［J］.开放时代，2016（4）：126-145.

［16］陈永林，谢炳庚.江南丘陵区乡村聚落空间演化及重构：以赣南地区为例［J］.地理研究，2016，35（1）：184-194.

［17］杨忍，刘彦随，龙花楼，等.中国乡村转型重构研究进展与展望：逻辑主线与内容框架［J］.地理科学进展，2015，34（8）：1019-1030.

［18］黄震方，陆林，苏勤，等.新型城镇化背景下的乡村旅游发展：理论反思与困境突破［J］.地理研究，2015，34（8）：1409-1421.

［19］杜春林，张新文.乡村公共服务供给：从"碎片化"到"整体性"［J］.农业经济问题，2015，36（7）：9-19.

［20］王露璐.伦理视角下中国乡村社会变迁中的"礼"与"法"［J］.中国社会科学，2015（7）：94-107.

［21］李莺莉，王灿.新型城镇化下我国乡村旅游的生态化转型探讨［J］.农业经济问题，2015，36（6）：29-34.

［22］陈锋.分利秩序与基层治理内卷化：资源输入背景下的乡村治理逻辑［J］.社会，2015，35（3）：95-120.

［23］李红波，张小林，吴启焰，等.发达地区乡村聚落空间重构的特征与机理研究：以苏南为例［J］.自然资源学报，2015，30（4）：591-603.

［24］房艳刚，刘继生.基于多功能理论的中国乡村发展多元化探讨：超越"现代化"发展范式［J］.地理学报，2015，70（2）：257-270.

［25］贺爱琳，杨新军，陈佳，等.乡村旅游发展对农户生计的影响：以秦岭北麓乡村旅游地为例［J］.经济地理，2014，34（12）：174-181.

［26］唐承丽，贺艳华，周国华，等.基于生活质量导向的乡村聚落空间优化研究［J］.地理学报，2014，69（10）：1459-1472.

［27］贺艳华，唐承丽，周国华，等.论乡村聚居空间结构优化模式：RROD模式［J］.地理研究，2014，33（9）：1716-1727.

［28］龙花楼，刘彦随，张小林，等.农业地理与乡村发展研究新近进展［J］.地理学报，2014，69（8）：1145-1158.

［29］李平星，陈雯，孙伟.经济发达地区乡村地域多功能空间分异及影响因素：以江苏省为例［J］.地理学报，2014，69（6）：797-807.

［30］席建超，王新歌，孔钦钦，等.旅游地乡村聚落演变与土地利用模式：野三坡旅游区三个旅游村落案例研究［J］.地理学报，2014，69（4）：531-540.